JN409353

맹물의 향기

맹물의 향기

최병진 수필집

수필과비평사

| 머리말 |

좌우 볼 여유도 없이 쓴 외람된 글입니다. 내심 이렇게 하면 낮아지는 줄만 알았지, 쑥스러움을 외면하고 있었습니다. 글을 쓴다는 것은 참 독서의 맛을 알게 해 줬습니다. 그로 인하여 마음의 한가로움을 얻게 되었습니다. 엄지 지문 자리만 한 지식으로 글을 쓰고, 앉은 자리에서 방관하지 않으려고 했습니다.

한경선 교수님과 문우들 그리고 도와주신 여러분께 감사드립니다.

임진년 가을

최병진

목 차

2.

구두와 고무신

3.

바람이 오는 날

4.

맹물의 향기

5.

참 울타리

1부

그때 그 집

무장아찌

새벽전례를 마치고 나오는 길에 채소 반찬을 샀다. 입맛 잃은 아내가 좋아할 것 같아서 무장아찌도 샀다. 아내는 의외란 듯이 "어쩐 일이에요! 해가 서쪽에 뜨려나? 그렇지 않아도 깔끔하고 담백한 것이 먹고 싶었는데 잘되었네." 했다.

아내의 입맛이 나와 엇비슷해지는 것을 보면 그동안 은연중에 서로 입맛까지 길들여져 있는 것 같다. 아침 식사에는 느끼한 것보다 간편하면서 연하고 산뜻한 음식을 먹고 싶다. 철 따라 봄에는 쑥국, 나박김치, 콩나물국, 여름에는 오이냉국, 열무물김치 가을에는 명탯국, 무생채 겨울에는 동치미, 백김치 등을 먹는다.

작은 씨앗이 뿌리를 내려 가을 서늘한 기온에 자란 무는 사람 몸에 들어가 열을 식히고 마음도 차분하게 해준다. 무는 물의 저장고다. 가을무는 봄에 바람 들기까지 몸에 물을 담아 둔다. 무는 얼른 생각하면 맛이 없는 것 같다. 그야말로 무맛이라고 할 수 있다. 하지만 그게 아니다. 무 맛은 담백하면서 짜릿할 정도로 시원하다. 아삭한 식감이 기분까지 상쾌하게 해 주는 그야말로 신선들이나 먹는 음식이 아닐까 싶다.

나는 무와 인연이 많다. 무는 어릴 때 간식이기도 했고 허기를 잠시 면해 주는 역할을 했다. 소년시절 시골 진외가에서 동짓달 긴긴 밤에 무를 먹었다. 겨울밤 흙구덩이에서 꺼내다가 껍질을 깎아 밤참으로 먹을 때 그 맛은 오늘날 아이스크림에 비교할 수 없는 맛이다. 다디단 아이스크림을 먹고 나면 입안이 텁텁하지만 무는 뒷맛까지 깔끔하다. 어른들은 겨울 무는 동삼과 같다는 말씀을 하셨다. 감기에 걸리면 무 속을 파내고 꿀을 넣고 쪄서 무즙을 먹기도 했다.

아내는 병원 입원실에서 식사 때마다 "소태맛이야." 하며 수저를 놓았다. "모든 음식이 무맛이야." 밥 한술 뜨기가 바쁘게 음식 맛을 알 수 없다는 말이다. 이것도 저것도 아내의 입맛을 살릴 수 없었다. 아내의 동치미는 내 입맛을 살려내는 특효약인데 내가 해 줄 수 있는 것이 없어 미안했다. 입맛을 잃자 자리를 털고 일어날 힘까지 잃어버리는 것 같았다. 그럭저럭 시간이 지나 아내가 퇴원을 했다. 집에 돌아와 자리를 지키는 것만으로 집에 햇빛이 드는 듯했다. 내가 사 온 무장아찌를 맛을 본 아내는 비위에 맞지 않아 손사래를 쳤다. 나도 먹어 보니 별맛이 없었다. 아무렴 아내가 담가 먹던 무장아찌 같으랴. 사 온 무장아찌는 대접을 못 받고 밥상 위에서 맴돌고 있었다. 어느 날 아내는 무장아찌에 간장을 부었다. 무장아찌가 간장 그릇에 몸을 담그고 있기를 며칠이 지났다. 버려야 되나 싶어 하나 집어 먹어 보니 먹을 만했다. 무슨 양념을 더했는지 모르지만 밍밍하던 맛이 가시고 감칠맛이 났다. 오독오독 씹히는 소리가 경쾌했다.

이제껏 아내는 우리 가족들의 입맛을 챙겼고 맛없고 밍밍한 우리 집 분위기에 맛을 살린 사람이다. 맛없는 장아찌에 맛이 배듯이 아내의 사랑과 정성이 들어가면 마술처럼 집안 분위기가 변했다. 부지런히 먹을거리를 장만해서 먹이고 나눠주던 사람이 나이 들고 건강이 안 좋아지자 밑반찬 만드는 일도 뜸해졌다.

밭에서 막 뽑은 무처럼 싱그럽던 아가씨가 엄마가 되고 아내가 되면서 무장아찌처럼 세월에 절여졌다. 예전처럼 힘을 못 내지만 우리 가족에게 꼭 있어야 할 사람이다. 아내를 생각하며 새삼스레 무장아찌 맛을 음미한다.

꽃잔디 찻집

신축년 사월 말 꽃잔디 찻집을 들렀다. 하늘은 푸르고 태양은 눈부시게 빛나고 있다. 점심을 하면서 왕궁유적지와 금마 미륵사지 복원에 대한 이모저모 이야기 끝에 꽃잔디 찻집에 들러서 차 한잔 하고 가자고 했다.

미리 와 있는 승용차들이 도로변 안쪽 주차장에 질서 있게 머물고 있다. 친구는 다섯이지만 차는 두 대로 왔다. 분홍빛 꽃잔디가 화사하게 우리를 맞이했다. 고택을 중심으로 아담한 정원이 조성

되어 있다. 낮은 흙돌담이 좌우, 앞뜰 정원의 울타리 모양으로 경계를 이루고 있다. 그 정원에는 잔디와 화단이 보기 좋게 자리하고 있다. 화단에는 아기자기하게 풀꽃들이 빼곡하게 낯가림도 없이 나름의 멋을 뽐낸다.

섬세하게 꾸민 화단은 암팡져 보였다. 뒤뜰의 언덕에는 듬직한 소나무가 인상적이다. 울 안 화단과 잔디밭에 손질된 정원용 소나무들이 모양을 갖추고 공간의 미를 고고하게 보여주고 있다. 저렇게 되기까지 고통을 겪어온 소나무의 인내가 향기로 퍼지고 있다.

앞뜰 좌측에 동떨어진 곳에 오두막 주춧돌 기둥이 겨우 버티고 있어도 한쪽으로 약간 기울어져 있다. 방문도 낡아서 한쪽이 부서졌다. 초가삼간 지붕이 슬레이트지붕으로 바뀌어 낡을 대로 낡았다. 방문 틈바구니에서 노파가 합죽한 볼로 빼끗이 나올 것 같다. 밤이면 귀신과 도깨비들이 춤을 추는 것은 아닐까. 집 뒤에 장독대에 크고 작은 항아리에 아낙의 시름이 가득가득 담겨 있을 것 같다.

뒤 처마 아래와 주변에는 집안 살림에 쓰는 온갖 물건이 어지럽게 흩어져 있다. 집과 살림살이가 시대 지난 잡동사니가 되어 궁상맞다. 하지만 지난 세월의 정서가 고스란히 배어 있다. 한숨과 함께 그리움으로 가슴에 안긴다. 다른 고택에 비해 초라하지만 지난날의 추억과 한을 품고 있다. 잘 가꾸어진 정원과 화단보다 마음을 더 붙잡는다.

호탕한 옛 선비들의 풍류를 되살려보려는 설계자의 야심을 상상하면서 잔디밭에 깔린 맷돌 디딤돌을 걸었다. 보드라운 흙을 붙들고 있는 초록빛 잔디가 또 대조를 이루고 있다.

우리 일행은 잔디밭의 대형 파라솔 탁자를 중심으로 의자에 앉아서 이야기 꽃을 피웠다. 한 사람이 이야기를 꺼내면 뒤질세라 말꼬리를 물고 계속된다. 주로 오늘날의 이슈가 되는 것들이다. 20~30세대들은 정치 이야기라면 머리를 흔든다고 한다. 그들은 정치에 대해 속속들이 꿰뚫고 있으면서 내색을 하지 않는다고 한다. 그들은 소시민적 알뜰하고 확실한 행복을 원하고, 솔직 담백과 쿨함을 선호한다고 한다. 벨 소리가 울린다. 주문한 것을 가져왔다.

자기 그릇에 담겨온 쌍화탕이 보기와 다르게 양이 많다. 각종 한약재와 땅콩, 잣, 대추가 한약 물빛에 몸을 담그고 있다. 쌍화탕 받침 접시와 다과접시가 쟁반에 담겨 나왔다. 그것을 마시면서 한 친구는 쌍화탕에 대해 타박을 한다. 이런저런 말을 하는데 듣기에 거북했다. 구름 한 점 없어다가 살짝 해를 가리고 싶은 좋은 시간에 재미있고 즐거운 초록빛 이야기가 오가야 한다는 것을 모르는 것 같다.

차를 들고 연보랏빛 입술 언저리에 적시니 차 향기가 은은하다. 점심 먹은 것이 느끼했는데 이 한 모금이 뱃속을 축이면서 온몸에 향기가 스며들었다. 두문불출로 답답했던 것이 싹 가셨다. 이게 풍류인가 막혔던 새가슴도 뻥 뚫렸다. 그동안 식도염으로 내려가지 못하고 서걱대던 기운이 내려간 것 같다. 식도를 타고 내려가는 쌍화탕은 상쾌한 바람이었다.

꽃잔디 찻잔에 고택의 소나무와 잔디밭 그리고 사랑스러운 화초들이 쌍화탕 위에 떠있다. 정 든 친구들이 그 잔을 들고 정을 마신다.

노온과 푸성귀

노온老媼은 시장 귀퉁이에 자리했다. 그 자리는 도로변 인도에서 벗어난 구석 자리다. 그는 움츠리고 앉아서 행인들을 맞이하려고 초록빛 푸성귀를 군데군데 종류별로 늘어놓았다. 푸성귀는 새벽 냉기에 가냘프게 몸을 내밀고 있다. 부대끼면서 견디는 인내가 여린 마음만큼이나 애달프다.

푸성귀는 파릇파릇하면서 나긋나긋하여 입에서 사르르 녹을 것 같다. 봄에 주로 선보이는 푸성귀들이 매서운 서리에도 잘 견디면서 입맛을 돋운다. 노온은 지난 세월 동안 힘든 삶을 살아오면서 인심을 얻어야 살아가는 데 도움이 된다는 것을 인식한 것 같다. 푸성귀 사러 오는 사람에게 담아주면서 덤까지 얹어주고 정담도 꼭 덧붙인다.

아내는 이곳저곳의 난장의 길거리에 있는 푸성귀들을 들여다보고 있다. 생활고에서 얻어진 나름의 이미지가 알뜰주부 면모처럼 보였다. 노온은 아내가 틀림없이 푸성귀를 사 갈 거란 것을 짐작한 것 같다. 서로 오래전부터 알고 지낸 단골처럼 말을 주고받았다. 아내는 덤을 받고도 더 달라고 한다. 아욱 한 주먹을 그냥 담는다. 보기에 염치없었다. 그런데도 담담한 모습이 정 많은 노모 같다.

노온의 초라한 행색에 눈이 간다. 구릿빛 얼굴에 검버섯까지 세월의 훈장처럼 달고 있다. 거기다가 양 볼이 옴폭하여 턱이 더욱 두드러지게 보였다. 쪼글쪼글 주름살이 산전수전 다 겪으면서 새겨진 나이테 같다. 얼핏 보기에 험상궂게 보여도 은은하고 잔잔한 미소를 담고 있다. 그는 오가는 이들을 보면서 봄 향기 가져가기를 바라는 것 같다. 저녁 밥상에 향긋한 봄나물의 정취를 느끼기를 기도하는지도 모른다. 고들빼기, 냉이, 쑥 등이 그 앞에 있다. 발효식품처럼 곰삭은 노온에게서 사람 냄새가 났다. 향기롭지 않지만, 거기에 몸을 보호하는 보약 같은 활력소가 있었다.

그때 젊은 여인이 노인 앞에 섰다. 노인과 새댁이 봄을 나누고 있다. 세련된 새댁이 대형 마트나 백화점에 가지 않고 길거리에서 푸성귀를 사다니, 보기 드문 풍경이다. 새댁이 백목련처럼 화사해 보였다. 혹시 저 새댁이 누추한 할머니가 가여워서 나물을 사는가 싶었는데, 새댁은 노온을 보고 외할머니 생각이 난다고 했다. 어린 시절 외할머니와 나물을 캐러 간 그때를 잊을 수 없다고 한다.

초록빛 푸성귀가 저녁상에 올라왔는데 노온과 새댁이 자꾸 생각난다.

눈 발자국

새벽길을 나섰다. 현관문을 열 때 싸한 흰 눈 냄새가 난다. 어제 해 질 무렵 하늘빛이 검댕이었다. 구름 무게가 채석강 바위만큼이나 내려앉아 있는 먹빛 하늘이 밤사이 내린 눈이었다.

가로등도 하얀 눈이 보기 좋은지 그곳을 더 바라보고 있다. '어라! 길이 안 보이네.' 눈만 보면 마음이 편해진다. 그동안 가뭄 끝에 눈도 겨우 민들레 꽃씨 날 듯 했다. 매일 산불 소식에 함박눈이 펑펑 내리기를 기다렸는데, 그 바람을 이뤘다.

눈길로 더듬어 하얗게 신발 높이 정도 쌓인 숫눈길을 걸어가는데, 걸을 때마다 "뽀드득뽀드득" 아프다고 한다. 신발은 부드럽다고 "보드득보드득" 엄살떨지 말라고 한다. 자국 없는 하얀빛 융단길을 걷기가 머뭇머뭇해지는데도 걸었다. 지겟다리 발자국이 자꾸 흉을 보며 따라온다. 등짐장수 발자국 같다고 한다. 지난날 등짐을 지고 둔덕길 오를 때 쩍걸음으로 걸어야 힘의 균형을 잡을 수 있었다.

지게 지고 무게를 지탱하면서 한 발 들어 디디는데 종아리가 맹꽁이 배불뚝이같이 보였다. 장딴지는 힘줄이 불거지면서 땅기는 것을 도와주려고 어깨와 등이 온 힘을 다해주고 있었다. 발바닥은 자빠지지 않으려고 버티며 지체肢體를 위해서 고분고분 순종하였다. 삶의 한 자리에 쩍걸음도 유전이 아니고, 버릇이었다. 그동안 바르게 걸으려고 하는데도 저절로 나타났다.

새벽 빙판길에서 조심스럽게 겸손해야지 그렇지 않으면 난감한 일이 생긴다. 지난날 숙식을 하면서 교육을 받을 때 새벽이면 걷기 운동을 하였다. 눈이 제법 내린 것이 녹아서 살얼음이 된 것을 모르고 아무 생각 없이 바삐 주차된 승용차 사이를 가다가 왼쪽 발목 관절을 겹지르게 되었다. 다행히 다음날이 토요일이라서 집에서 가벼운 치료를 받았다. 통증을 참으며 교육을 무사히 마친 기억이 난다.

지금도 눈 쌓인 새벽길을 걷는데 발목이 시큰하면서 아프다. 그럴 때마다 어루만지면서 "미안해, 사랑해." 그리하면 통증도 사라진다. 눈길을 바르게 걸었다. 발자국이 보기에 좋았다. 내 발자국이 늦가을 목련 잎을 닮았다. 발자국 안에 요철이 흰떡에 새겨진 떡살 문양 같았다. 그 문양을 보면서 할머니께서 조청을 고루 묻혀 주시던 달고 쫀득쫀득한 흰 떡 맛이 생각났다. 눈 무늬가 그리움을 샘물처럼 솟아나게 한다.

우수가 지난 이튿날 온 눈이라서 감회가 새롭다. 개울가 물소리에 갯버들강아지 봄소식 전해오고, 잉크 빛 하늘 아래 보일 듯 말 듯 아지랑이 하늘하늘 춤사위에 꽃눈도 마음이 설레며 벌 나비 맞이할 몸을 키운다.

사월이 오면 무덤가 할미꽃이 외롭게 허리 굽혀 핀다. 그 꽃잎의 부드러운 솜털을 살며시 만지면, 봄볕에 개울물 소리도 정다웠던 그때가 생각난다.

동네 한 바퀴

화창한 날씨다. 나는 산뜻한 마음으로 걸었다. 산울타리를 따라 동네 한 바퀴를 돌면서 해찰과 일광욕을 자유롭게 하였다. 아파트 주변과 뜰에 있는 상록수와 활엽수가 언제나 나의 반가운 벗이다.

도로변 따라 길게 늘어선 폭 좁은 화단에 촘촘한 쥐똥나무가 횡단을 가로막고 있다. 해가 아파트 옥상에 살짝 걸려 있다. 단풍나무는 쥐똥나무 가운데에 오도카니 서서 잎사귀를 내밀고 해를 바라보고 있다. 윤기 나는 바람에 나부끼는 잎 사이로 빛 비늘이 날렸다. 가로수 윗가지 사이에 조막만 한 새 둥지가 앙증맞게 자리했다. 둥지에 대한 궁금증이 생겼다. 빈 둥지일까 아니면 작은 새 한 쌍이 번갈아가면서 알을 품고 있을까. 푸른 하늘에 솜구름 한 자락이 유유히 흘러가고 있다.

갓 결혼하여 세상 물정 어두운 나는 두려움이 엄습해 왔다. 그동안 앞날에 대한 계획도 없이 막연하게 시간을 보내다가 동반자와 함께 생소한 가정을 꾸린다는 것이 심리적 압박이 되었다. 가정을 책임지고 식구를 돌봐야 한다는 삶의 무게가 짓눌러왔다.

아내는 자신 없는 나의 태도를 직감하고 앞날에 대하여 희망은 고사하고 기막힌 혼인에 실망하면서 결혼을 서두른 부모를 원망했을 것이다. 막막한 세파를 헤치고 나갈 일이 꿈만 같은 아내의 애간장 타는 심정을 이해하기는커녕 철부지 짓만 하고 있었다. 결혼 전에 짊어진 빚과 상점에 외상값까지 아내가 감당해야 할 처지가 되었다. 아내는 나보다 정신연령이 앞서 있었지만 나는 천둥벌거숭이나 다름없었다.

마음가짐도 무르고 약한 나를 위해 도움을 줄 사람이 없었다. 결혼 빚을 새색시가 고스란히 떠안고 속울음과 함께 밤잠을 설치는 고통을 겪어야 했다. 아내가 진 멍에는 연자매질을 하는 소의 서러움을 견디는 것이나 다름없었다. 아내는 우렁이각시처럼 희생적인 삶을 살아왔다. 남편이라고 어디 하나 마음에 드는 구석이 만무한데, 감내하고 산 삶이 누운 홍어 속이 다 되었다고 한다. 연약한 몸을 지탱하고 살다 보니 병만 처졌다. 자식들이 딱하고 불쌍하여서 이러지도 저러지도 못하고 하염없이 삶을 지탱해왔다고 한다.

경칩이 지났는데도 쥐똥을 드물게 매달고 겨울잠에서 깨어나지 못하고 있는 것 같다. 빛바랜 갈색 쥐똥나무가 삭정이같이 보인다. 쥐똥나무는 뼈만 앙상하게 남았다. 뾰족한 실가지마다 서로 엉키지 않으려고 빈 곳을 찾아 자리하고 있었다. 시월부터 매달린 열매는 춘삼월이 되었는데도 가지를 붙들고 있다. 떠나기 싫어서 그런 것인지 보기에 딱하다.

한 해가 지나면서부터 층 높은 아파트가 우뚝우뚝 사방에 서 있었다. 승강장 주변은 한낮 동안 햇빛이 잠시 있다 간다. 쥐똥나무가 살기엔 열악한 동네기에 자라는 데 힘들어한다. 아파트 응달로 일조량이 부족하여 건강하게 자라지 못한다. 훈풍이 불어와야 할 때 맞바람이 불어온다. 아파트 벽에 부딪혀서 몰아온 바람을 고스란히 받으면서 겨울을 보낸 쥐똥나무다. 쥐똥나무는 매연과 미세먼지에도 잘 적응하여 녹색 길을 만들고 있다.

완연한 봄이 되면 쥐똥나무 새싹이 은은한 연둣빛이 되어 예쁜 자태를 보여준다. 초여름이면 초록빛 생기 넘치는 잎과 하얀 꽃이 그윽한 향기를 풍긴다. 꿋꿋이 살아내는 모습이 젊은 날 아내를 닮았다. 옥빛 좁쌀만 한 열매가 초록색 잎 사이에 잘 자라서 까맣게 영글기를 바라면서 산울타리 길을 돌아왔다.

알타리와 열무

월요장터 날이다. 아내가 알타리를 사러 가자고 한다. 승용차로 아내와 2km 남짓 거리에 열리는 마을 장터 갓길에 주차했다. 아내는 총각김치 담글 알타리를 찾아 나섰다. 아내는 극성스러울 정도로 김치를 담그는 데 열성적이다. 막내 손자가 알타리김치를 밥 한 숟가락 위에 척척 걸쳐 먹고, 라면은 파김치를 곁들여서 먹는 데 이골이 날 정도란 말을 듣고 할머니가 신바람이 나 있었다.

알타리는 노온의 황토 텃밭에서 알뜰살뜰 보살핌을 받다가 팔리게 되었다. 어제 저녁에 뽑혀서 상자 안에서 웅크리고 포개져 고통을 참고 견디어왔다. 장거리 여행에 시달리고, 네모 상자에서 갇히어서 옴짝달싹 못하다가 밖으로 나온 알타리는 싱싱한 잎과 탱탱한 하얀 속살을 드러내놓고 팔려가고 있었다. 채소장수가 알타리에 대한 매력을 대충 들려 주었다. 그 말을 대변하듯이 나이 지긋한 주부들이 사가고 겨우 남은 두 단을 아내가 떨이를 했다. 아내는 이리저리 보고, 들추어서 확인까지 할 틈도 없이 다른 사람이 챙기기 전에 얼른 샀다. 두 단을 투명 비닐봉지에 연한 잎줄기가 부러지지 않게 조심스럽게 담았다.

팔려온 알타리를 아내의 손에 든 칼이 잔 뿌리털과 꼬리까지 깔끔하게 다듬어놓았다. 나는 알타리를 씻으려고 큰 플라스틱 대야에 물을 가득 채웠다. 초록빛 잎줄기는 연해서 으깨어지니 살살 다루라고 한다. 황토 흙을 수세미로 닦았다. 속살을 다 드러낸 무는 탄력있는 흰 맵시를 보여주고 있다. 잎줄기가 부러지면서 옅은 풋내가 난다. 그윽한 풋내는 어머니 젖가슴 땀방울 스멀스멀 흐르는 열기가 삼베적삼 성긴 틈 비집고 나온 냄새다.

무 잎이 신선하여 쌈을 싸 먹었다. 사각사각 씹히는데 질긴 군더더기가 없이 풀 향기 솔솔 풍기며 식도를 부드럽게 넘어갔다. 총각

김치를 먹는데 잎과 줄거리가 순하게 씹히고 맛이 달콤하면서 생김치의 향기가 맛을 더해주고 있었다. 알타리김치가 숙성된 것을 한입에 베어 물고 먹는 맛은 괌에서 사과 먹는 맛 버금갈 정도였다. 그 맛은 새콤달콤하면서 발효식품의 진수를 맛보는 것 같다.

아내는 오랜만에 월요장터를 찾았다. 채소를 이것저것을 샀다. 그중에서도 열무 한 단과 쪽파 한 단을 샀다. 나는 파 음식을 좋아하지 않는다. 파만 사면 은근히 걱정이 된다. 그것 다듬는 데 시간이 걸린다. 아내 김치 담그는 일을 도와야 한다. 아내가 양념감 챙겨서 김치를 담그는 일은 힘에 부치는 일이다. 열무 잎이 탐스러워서 고추장에 쌈으로 먹자고 했다. 아내가 대뜸 잎 쌈은 가을철에 먹지 지금은 맛이 없다고 한다. 모든 채소를 제철에 먹어야지 제 맛이 난다고 한다.

열무김치를 먹는데 그동안 잎채소 먹는 것과는 판이하게 달랐다. 처음 단초가 잘못되면 아쉬운 것들이 생기면서 서운한 일로 끝나게 된다. 소금이 나수 들어가 짠 열무김치가 되었다. 짠맛에 모든 맛이 덮여 버린 것이다. 아내의 힘들여서 담근 것을 눈 딱 감고 보약처럼 먹어야 실망하지 않을 것이다. 열무김치를 먹는데 오래 씹어도 씹히지 않고 송피 씹히듯이 질긴 섬유질을 꿀꺽 넘겼다.

위에서 '내가 소인가.' 하면서 다시 식도로 역류시켰다. 식도염 때문에 가끔 있는 일이다. 어금니 사이로 살짝 숨긴 실 같은 섬유질이 끼면 그냥 모른 척하지 않고 잇몸이 신경이 쓰이게 고자질을 한다. 이 사이가 근질근질하여 혀는 속없이 나서서 잇몸 가까이 있는 어금니 사이를 용케 더듬어 찾았다. 혀는 이리저리 끌어내려고 하지만 섬유질 조각은 좀처럼 빠져나올 기미조차 보이지 않는다. 할 수 없이 치과 의원에서 준 치간 칫솔까지 동원하여 뺄 때 입안이 조용해진다.

사람이나 식물도 다 때가 있다. 때에 맞게 쓸모 있는 사람이 되어야겠다. 농부의 사랑으로 가꾸어진 무는 때맞게 좋은 채소가 되었다. 열무는 시기가 맞지 않으면 때를 놓쳐 사람들로부터 외면받을 수 있다.

정성을 들여 가꾸는 농민과 그것을 신속하게 공급해 주는 상인, 그리고 소비하는 마을 사람들이 함께하여 감사하는 마음이다.

기적

문우 한 분이 신인상 수상을 하며 등단을 했다. 등단한 월간지 한 권을 선물로 주기에 받았다. 그 책에 내 글도 들어 있을 터였다. 봄바람에 나부끼는 꽃잎처럼 내 마음도 파르르 설렜다. 책장을 넘겨도 마음은 물결처럼 일렁이고 있었다. 그런데 차분하게 넘겨도 내 글이 보이지 않았다. 분홍빛 홍분이 허공을 맴돌고 있는 느낌이었다. 하지만 담담하게 마음을 가라앉혔다. 책 한 권 선물로 만족했다.

문우들이 등단 축하 꽃을 선물하였다. 모두들 활짝 핀 꽃처럼 웃었다. 함께 점심 식사를 하기로 했는데 안내를 듣고도 나는 다른 장소를 생각하고 있었다. 회장이 정확하게 안내를 하였는데 엉뚱하게도 관공서 건물과 연관된 다른 장소로 착각하였다. 기왕이면 차를 몰고 가서 식사 후 바로 헤어지려고 했다. 승용차를 몰고 입구로 나오는데 한 문우가 함께 가자고 하였다.

약속된 장소로 쪽으로 가지 않고 엉뚱한 곳으로 차를 몰고 가니 한 분이 그곳은 오늘 점심 먹을 장소가 아니라고 한다. 문우들이 자주 가는 일방통행로 근방으로 가면 있을 거라는 생각으로 가는데, 동승한 문우는 참한 미소를 띠면서 그냥 처음 출발 장소로 직진하라고 한다. 결국 동네를 한 바퀴 돌아서 먼저 간 문우들 뒤따라 도착했다. 동행한 문우가 아니었다면 한참을 더 헤맸을 것이다. 그의 속 깊은 여유로움과 우정이 고마웠다.

나는 공간의 이동이나 위치를 인식하고 그 특성을 파악해 내는 인지능력이 우둔하다. 나 홀로 차를 몰고 헤매다 늦게 가서 회원들 앞에 나타난다면 폐를 끼치는 일이라 무슨 핑계라도 대고 집으로 차를 돌렸을 것이다. 그런데 우연인지 필연인지 알 수 없지만 한 문우가 살갑게 챙겨주어 함께할 수 있었다. 다른 사람들과 도란도란 이야기를 나누면서 걸어도 되는데 선뜻 내 차에 오른 것을 보면 예삿일로 볼 일이 아니었다.

집에서 저녁식사 후 차분하게 하루 동안 있었던 일을 더듬으면서 월간지 책장을 넘겼다. 거기에 내 글이 실려 있었다. 반갑고 기뻤다. 원고가 안착하기까지 환삼덩굴과 호박 넝쿨이 얽히고설키듯 글을 쓴 과정이 떠올랐다. 욕심이 과해서 헛것이 보이듯이 내 글이 행방이 묘연하게 숨었다가 나타났다.

유심소작唯心所作이란 세상의 모든 일은 오직 우리의 마음에 달렸다는 것이다. 기적이 따로 있는 것이 아니고 하루하루 살아가는 일들, 만나는 사람들과 맺어지는 따뜻한 일들이 기적이 아닌가 싶다.

그때 그 집

아기 울음소리가 난다. 반가운 소리다. 툇마루에 오도카니 앉아서 울던 아기 생각이 난다. 산촌 한옥에서 살 때다. 늙은 두 칸 기와집이다. 툇마루 바로 아래는 흙 마당, 그 앞에는 텃밭이 있다. 여러 사람이 나누어 채소를 가꾸었다.

내 살던 집도 사는 사람이 자주 바뀌어 낡은 벽지가 보기 민망할 정도로 얼룩이 지고 찢겨 있었다. 아내와 나는 도배를 했다. 동쪽 칸에는 내 가족이 살고, 다음 칸 방은 다른 이웃의 숙소가 되었다.

부엌도 마루도 칸막이가 되어 피난민 살림집처럼 보였다.

부엌은 북쪽 블록 담에 까대기를 걸쳐서 노천을 가린 곳이어서 늘 어둠침침하였다. 비가 오면 물받이 슬레이트가 세월에 구멍이 나서 낙숫물을 받아내는 그릇들이 동원되었다.

툇마루는 그동안 주부들의 손길에 담흑빛이 났다. 고택의 툇마루 송판은 소나무 진기를 광택으로 발산하고 있다. 그 광택은 바지런한 아낙의 손에 들린 걸레가 덕분이 아닐까. 아기가 방에서 꿀잠을 자고 나서 거북이 기어가듯 마루를 향하였다. 아기는 밭에서 일하는 엄마를 보고 반가웠다. 아기는 울음소리로 엄마를 부른다. 엄마는 무심하게 김매고 있다. 엄마도 얼른 마저 김을 매고 일어나고픈 마음이다. 아기는 마음이 조급해지면서 엄마 품에 더 안기고 싶었을 것이다.

아기 마음 닮은 호미는 울음 소리에 힘을 내서 잡초를 사정없이 긁어낸다. 아기는 울면서 엄마만 보고 마루 난간으로 기다가 땅에 떨어졌다. 아기는 자지러지게 울었다. 엄마는 허겁지겁 달려와 아이를 안아 젖을 물려도 서럽게 울었다. 엄마는 안타까운 마음에 다정하게 어루만지며 말을 했다. 겨우 눈을 맞추고 옹알거린다. 엄마가 들려주는 사랑의 말에 아기는 땅에 떨어진 아픔도 사라졌다.

아기를 삼신할머니가 받았는지 아기는 아무 이상이 없었다. 백구도 마당에 놀다가 아기 울음에 숙연해지면서 꼬리를 내리고 물끄러미 쳐다보고 있다. 아기는 마루 난간 가까이 가면 떨어진다는 것을 학습하고 나서는 마루 가운데 앉아 엄마가 보이면 백구하고 시간을 보낸다. 아기가 순하여 잘 울지 않았다. 백구가 행여 아기가 난간에 올까 지키고 있다. 백구가 발을 올려놓으면 아기가 발등을 만진다. 아기는 손을 움츠리며 웃는다.

집 뒤에 개울이 있다. 개울에는 작은 돌들이 올망졸망 있다. 조약돌이 또렷한 흑백과 은은한 회백색 물낯으로 돋보여 보기 좋았다. 비가 온 뒤에는 물이 많아 종아리를 걷고 들어가고 싶어진다. 아내가 아기를 업고 물그림자 보면서 하얀 기저귀를 빠는 개울이었다.

아내는 간혹 은근히 손 자랑을 한다. 아내가 하는 모임 중에 역술가 말하듯이 손에 복이 들어있다고 하기에 지나가는 말로 들었다고 한다. 그 말이 우연이 아니게 개와 닭은 물론 텃밭에 채소들도 잘되는 것을 보면 신통방통하다고 한다.

도시로 이사 가는 날 트럭에 이삿짐을 가득 싣고 가다가 2km 지점에서 이삿짐 곁에 닭장 속 암탉 한 마리가 트럭에서 날아 논으로 나온 것을 잡느라 애먹었다. 그것을 본 아저씨 한 분이 나의 모습을 딱하게 여기고 하얀 두루마기를 입고서도 닭을 몰아 겨우 붙잡았다. 닭을 보면 그분 생각이 난다.

나는 직장 일에만 늘 마음을 쓰고 있었다. 아내에게 관심을 갖고 작은 도움이라도 주지 못해서 미안하다. 고택은 문화재가 될 가치도 없는 건물로 머지않아 사라질 집이었다. 하지만 아이의 산실이요 아이들 마음에 오래도록 남을 고향 같은 집이다. 산촌의 낡은 집에서 태어나 잘 자라준 아이들이 고맙고 사랑스럽다.

우물이 있는 풍경

울안에 우물이 있었다. 그 우물 주변에는 크고 작은 돌들이 서로 힘이 되어 주며 누워 있었다. 그 돌은 가장자리가 두루뭉술하면서도 들쑥날쑥 곡선을 이루었다. 돌이 다져져 우물을 둘러싸고 있었다.

돌들은 오로지 단단한 성질만 갖고 모양도 색깔도 제멋대로다. 그것들이 모여 아기자기한 무늬를 만들었다. 볕이 잘 드는 장독이 있고 옹기그릇이 옹기종기 앉아 있었다. 이웃집에서 나오는 허드렛물이 우물을 지나 앞집 돌담 밑으로 흘러갔다. 우물도랑 앞에는 좁은 꽃밭이 있었다. 분꽃, 채송화, 맨드라미, 백일홍, 과꽃, 돗나물, 나팔꽃이 자랐다. 분꽃 까만 씨를 받았다.

나는 우물 속으로 들어가서 청소를 했다. 주로 여름 가뭄 때 우물 청소를 하였다. 우물 속으로 들어가려면 몸집이 작은 내가 적격이었을 것이다. 처음 들어갈 때 무섭고 두려웠다. 어둡고 습하고 좁은 우물이 나를 빨아들일 것 같았다. 그런데 막상 들어가면 시원해서 두려움을 잊었다.

우물 안은 돌들을 포개 원형으로 쌓아 놓았다. 그 돌벽을 따라 조심스럽게 들어가야 한다. 우물 벽은 물때와 이끼가 끼어 있었다. 미끄러운 돌 틈 사이에 발가락을 넣고 엉덩이로 버텼다. 발에 힘을 불끈 주면서 조금씩 내려가서 양푼으로 흐린 물을 퍼 담아내면 위에서 끌어올렸다. 바닥이 깨끗해질 때까지 퍼 올려야 했다. 그 일을 마치고 밖으로 나올 때도 엉덩이와 손발에 온 힘을 쏟았다. 밖으로 나오면 힘든 것도 잊고 후련했다.

그때는 냉장고가 없었다. 여름에는 둥근 대바구니에 보리밥을 담아 삼베 보자기로 덮어 바람이 잘 통하는 곳에 걸어놓으면 밥이 쉬지 않았다. 여름에는 참외, 오이, 수박을 얼망에 넣어서 우물 속에 두었다가 시원하게 먹었다.

옛날 생각하면 지금은 딴 세상에 살고 있는 것 같다. 그날들이 배고프고 힘들었지만 그때 일이 꿈속같이 아련해진다. 여름이면 우물가에서 등목하면서 웃던 일이 그리워진다. 많은 식구들이 세상을 떠났다. 애환과 함께했던 초가삼간 우물가에 맨드라미, 분꽃, 채송화가 피고 진다.

분꽃

분꽃이 장독 아래에 피어 있다. 노랑 진분홍빛 나팔 모양의 꽃이 주변을 화사하게 밝힌다. 초록 잎 사이로 빛 잃은 흑진주처럼 분꽃 열매가 드문드문 꽃받침에 오뚝 앉아 있다. 줄무늬가 있어 잘 굴러가지 않을 것 같다. 해거름에 핀 분꽃이 하늘을 향해 고개를 든다.

분꽃 까만 씨 겉에 선명한 줄무늬가 성숙한 씨앗으로 영글었다고 당차고 알차게 알리는 것 같다. 행여 매끈한 껍질이 어디에 닿으면 흠집 생기지 않게 하려고 그런 게지? 하얀 속살을 간직하게 하려고 줄무늬가 보호막 구실을 하는 것 같다. 분꽃 열매가 겉과 속이 확연히 다른, 흑백의 다름이 한 몸이 되어서 한여름 볕에 물들여졌다. 처음엔 겉과 속이 풋내나는 초록빛이었다. 분꽃 열매는 검게 타면서 하얀 속살이 찬다. 하얀 속살이 부드러운 분 같아 분꽃이라고 한다. 해 질 무렵 활짝 피어난 분꽃을 보며 여인들은 저녁밥 준비를 했다고 한다.

소년은 분꽃 씨를 만지면서 저세상으로 가버린 하얗게 핏기 없는 동생을 그리워했다. 눈길을 반짝이는 샛별이 달과 함께 비췄다. "저 깊고 깊은 오막살이에도 탄일종이 울린다." 성탄 노래를 부르며 미끄러운 오르막길에서 서로 손을 붙잡았던 소녀가 있었다. 분꽃을 보면 정다웠던 소녀가 지금도 곁에 있는 것 같다.

분꽃은 시골집 우물 고랑 옆 좁은 곳에 긴 겨울 땅속에서 숨죽이고 있다가 당당하게 자리를 차지한다. 분꽃 뿌리는 행여 호미에 파헤쳐지기 싫어서 잎이 땅바닥을 덮으려고 잎줄기를 넓힌다. 분꽃 잎줄기가 꽃과 열매 시중드는 일을 하인처럼 하고 있다. 맨드라미도 뒤질세라 따라서 수탉 볏처럼 빛깔 곱게 단장하고 있었다.

오래전 유럽 폴란드에 성주가 살고 있었다. 그는 재산이 많아서 자만심이 강하였다. 그는 그 시대에 모든 것을 다 가질 수가 있었지만, 자식 없는 불행을 지녀야 했다. 자식에 대한 간절한 소망은 날이 갈수록 병이 될 정도였다. 할 수 없이 신에게 매달리게 되었다.

성주의 지극 정성 어린 기도가 하늘에 닿았는지 귀여운 딸을 얻게 되었다. 그는 딸보다 아들을 원했다. 그는 실망을 넘어 아들을 낳았다고 백성들에게 거짓말을 하였다. 딸 이름 대신 아들 이름을 지어 "미나리비스"라고 불렀다.

미나리비스는 아들같이 자라면서 젊은 청년이 되었다. 딸이 남자를 좋아하게 되면서부터 부녀간 갈등이 생기기 시작했다. 딸은 좋아하는 남자와 결혼하게 해달라고 아버지에게 사정했다.

"너는 내 딸이 아니라 아들인데, 감히 결혼을 말한단 말인가." 성주는 화가 머리끝까지 나 말하였다. "너는 누가 뭐래도 내 아들이다. 온 성안 백성들이 그렇게 알고 있지 않으냐? 너는 꼭 성주가 되어야 한다."

딸은 아버지의 말에 상처가 커서 슬픔에 빠져 있었다. 딸은 늘 남장을 하고 칼을 차고 다녔다. 그는 보란 듯이 차고 있던 칼을 땅바닥에 꽂으면서 통곡을 하다 바람과 같이 어디론가 가버렸다. 미나리비스가 땅에 꽂아둔 칼에서 나팔 모양의 꽃이 피어난 것이 분꽃이라는 전설이 있다.

나는 부모님이 계실 때는 겁이 없고 적극적이었다. 어린 시절에 부모님이 돌아가셔서 그런지 크면서 수줍음이 많았다. 소심한 데다가 겁쟁이였다. 체격이 왜소하여 그런 것 같기도 하다. 해거름에 수줍게 피는 분꽃도 꼭 나를 닮았다.

2부

구두와 고무신

인연

큰손자는 대학을 다니다가 군대를 가고, 아들이 지천명이 되었다. 나는 어언간 희수가 되었다. 지인과 연락을 자주 해야 도리인데 못 하였다.

교육발전 현장에서 열성을 가졌던 지인이 생각난다. 공교육의 프로그램에 따르는 학부모의 협력하는 일에 관심을 갖고 있었다. 그와 대화 중에 나의 어린 시절을 빗대며 어린아이들의 행복한 생활에 대해 대화를 나누었다. 자연스럽게 놀게 하는 교육이 가장 중요하다고 했다. 어린 시절이 인간의 일생 중에서 가장 행복해야 되기 때문이다. 어릴 때 기초교육을 해야 하지만 그보다는 아이가 동기부여가 먼저 있어야 한다.

내가 어렸을 때 재미있는 만화를 보는데 글을 읽지 못해서 한글을 배워야겠다는 강한 욕구가 발동했다. 그래서 한글을 배웠다. 다음 '왜'란 의문을 가지고 그것을 알고 싶은 의지가 생겨나게 해야 한다. 어린이들은 어른의 흉내 내는 일을 곧잘 즐겨한다. 본이 되는 부모가 되어야 한다. 나는 부모님을 일찍 여의었지만 다행히도 6세까지 부모의 사랑을 받고 부친과 함께한 기억이 가물가물 살아난다.

집에는 축음기, 아코디언이 있었고 벽에 권총과 장총이 걸려 있었다. 지금 생각하니 그 물건들은 평화와 즐거움 주는 것과 전쟁에 쓰는 대립되는 물건들이었다. 유아 시절 때 투전을 가지고 놀았다. 그때 부친께서 모친을 향해 엄하게 화를 냈다. 그것을 본 아이는 투전을 멀리했다. 아이는 부모들의 말과 거동을 따라하고 싶어 했다.

초등학교 때 개미를 괴롭게 하는 놀이를 했다. 비가 많이 내린 다음날이었다. 구름 한 점 없는 하늘에 종달새 높이 날고 있었다. 생솔가지를 짊어지고 가다가 쉬었다. 길가에 옹배기 넓이로 옴팍 파인 웅덩이 주변을 개미들이 분주하게 기고 있었다. 웅덩이 한가운데 길쭉한 싸릿대를 세우고 큰 개미 한 마리를 끝에 올려놓았다. 개미는 몹시 급하게 위아래를 오르락내리락하면서 당황하고 있는 것 같았다. 그것을 본 나는 재미가 있었다. '요거 봐라, 헤엄치기를 못하나!' 물위로 탈출을 못하고 오르내릴 때 사람처럼 힘들까, 아니면 평길을 기어갈 때 같을까. 개미를 물에 그냥 놓았다. 개미는 헤엄쳐서 밖으로 나왔다.

외진 산 길가에 오십 평 가까이 밭을 일구었다. 나는 할머니와 돌을 골라내고 풀과 잔 나무뿌리를 캐냈다. 밭 주변 도토리나무와 풀숲 사이에 종달새 알 두 개가 있었다. 그것을 보고 어둑어둑할 때 산밭을 찾았다. 종달새 보금자리 근처에 접근할 때 푸드덕 소리와 함께 종달새는 어둠 속으로 사라졌다. 살며시 새 둥지 알을 확인하고, 하늘의 별빛과 마을의 문 창호지에서 새어 나온 빛을 보고 터벅터벅 산을 내려왔다. 산과 집들이 짙은 어둠으로 물들어 있었다.

초등학교 시절에 계급그림딱지 따먹기 놀이를 많이 했다. 그 시절 어른들은 시장터에서 난장판을 벌여놓았다. 난장들은 주로 도박 일색이었다. 사람들 틈사이로 기웃거리다가 도박 구경을 했다. 그때는 허황된 꿈을 꾸는 환경이었다. 어른도 아이들도 놀음을 구실로 내기에 열을 올리며 정신이 팔렸다. 나도 틈만 나면 구슬치기 아니면 딱지놀이를 하였다.

아이는 어른들을 보면서 배우고, 자연을 벗 삼아 배운다. 하지만 요즘 아이들은 학교 갔다 와서 학원 가고 공부하느라 그럴 틈이 없어서 아쉽다. 할아버지가 되어 손자, 손녀를 보면 어린 시절 나의 모습도 겹친다. 눈앞에 아이들과 또 다른 인연을 맺었다. 나도 어릴 때 공놀이도 하고 독서를 했다. 책은 주로 동화를 많이 읽었다.

독서는 누구나 한글을 알면 할 수 있다. 부모의 사랑과 책읽기에 재미를 갖는 아이는 바른 인성을 지닐 수 있다. 그 인연으로 이웃을 사랑할 줄도 안다. 사람 사는 동안 가장 좋은 인연은 좋은 책을 만나는 일이다.

검불

서산에 해가 잿빛에 가려 있다. 광활한 들녘에서 피어오른 연기다. 승용차 안에까지 스며들어온 마른 풀잎 태운 냄새가 은은하다. 논바닥의 볏짚, 하천 언덕, 논두렁까지 태우고 있어서 운전하는 데도 조심스러웠다. 언덕에 풀이 타는 것을 보니 어린 시절 보름 전날 밤, 깡통 불씨 휘돌리면서 쥐불놀이하던 것과 마대자루에 검불 담던 일이 어제 일같이 떠오른다.

아이가 들판에 나가기 전에 걱정을 한다. 검불을 자루에 꼭꼭 눌러서 채워 가져오는 일이다. 작은 체격에 깡마른 아홉 살 아이다. 나이만 엄부렁하지 눈치 보는 것 외에 야무진 곳이 없다.

경사진 무밭 언덕바지에 날씬한 단무지용 무를 다듬고 버려진 잎을 가져왔다. 무 잎 일부는 김장용으로, 나머지는 삶아서 시래기로 하였다. 잎줄기를 소금 간해 약간의 고춧가루로 버무린 것을 김치라고 먹을 때 서글펐다. 할머니가 삶아 말리지 않은 시래기를 가지고 가 시장 길거리에 하루 종일 앉아 있어도 누구 하나 거들떠보는 사람이 없었다고 한다. 서로가 먹고살기 어려운 형편이라서 사 가는 사람이 없었다.

아주머니 한 분이 할머니의 딱한 처지를 보고 나와 함께 일하자고 했다. 할머니가 미용실에서 쓰는 숯가루 만드는 일을 하게 되었다. 그 일을 하면서 심하게 기침을 하셨다. 계속 일을 하면 건강을 해칠 것 같아서 그만두고 다른 일을 하셨다.

뒤울이 몰아오는 들판에 가면 땔감이 될 검불과 지푸라기를 찾을 수 있었다. 땔감이라 해도 군불을 지필 만한 것이 아니고 겨우 음식을 익히는 데 썼다. 들녘에서 기다리는 것은 바람뿐 언덕과 두렁에 풀은 없고 이미 까까머리가 되었다. 그래도 사방을 다니면서 걸음품을 팔다 보면 얻어지는 것이 있다. 논밭 둑에 있는 마른 풀을 낫으로 베어 포대에 담았다.

오른손잡이 낫을 망치로 두들겨서 왼손잡이 낫으로 만들었다. 논두렁 풀과 논바닥 지푸라기가 서리에 생기가 빠져 빛바랜 쑥색이 되었다. 논에 깔린 지푸라기라도 만나면 횡재라도 한듯 그것을 손으로 모아 포대에 담아 놓을 때 뿌듯하였다. 때로는 논에 볏짚을 펼쳐 널어놓은 것을 거듭거듭 포대에 넣었다. 주인에게 들키지 않으려고 도둑고양이처럼 이리 보고 저리 보면서 잰걸음으로 서둘러도 더디기만 하고 가슴만 벌렁거렸다.

어린 마음에도 남의 것을 훔치면 나쁘다는 것을 알고 있었다. 이전에 험한 말을 듣고 혼쭐났던 적이 있기 때문이다. 그 두려움을 감수하면서 땔감을 찾는 비참함을 아이가 감당하며 하루하루를 보내야 했다. 전쟁고아의 신세, 가슴속에 묻어 두고 견디면 서러움도 시간이 가지고 갔다. 아이가 허기진 몸으로 검불 자루를 걸머지고 가면 할머니는 그것으로 시래기죽을 끓였다.

방구들이 두꺼워서 그런지, 땔감을 적게 태워서 그런지 언제나 방은 냉골이었다. 바닥이 오히려 사람 덕을 보려 했다. 옷을 입은 채 솜이불로 한겨울을 속수무책으로 넘겨야 했다. 아궁이에 검불을 지피면 불땀이 시원찮아서 그런지 순식간에 재가 되어버린다.

그 불로 음식이 익혀진다는 것이 신기할 정도다.

아이는 추위와 흙먼지로 손발이 까만 때로 덮였다. 까마귀가 '형님' 할 정도였다. 언제나 찬물로 세숫비누 없이 물만 슬쩍 바르거나 아예 세수하지 않고 살았다. 아이는 벽에 기대고 볕바라기를 하면서 아픈 손가락을 움켜잡고 들여다보고 있다. 손가락도 터서 벌어진 곳이 피가 날 기미가 보인다. 발뒤꿈치에 때가 까맣게 낀 사이가 더 벌어져 있다.

가을부터 겨울 동안에는 명절을 앞두고 목욕을 했다. 이발은 중머리가 되게 하고 난 뒤 더벅머리가 될 때까지 기다려야 한다. 아이가 지치고 쇠약해도 아프지 않고 지낸다는 것이 불행 중 다행이다. 아이의 삶은 갈근葛根같이 끈질겼다. 시골 학교 친구들이 언제나 보고 싶었다.

셋째 삼촌이 교사로 있는 초등학교에 다른 아이들보다 두세 살 늦게 중간 입학하였다. 한글도 모르고 책도 읽지 못해서 아이들로부터 놀림을 받았다. 맨 앞줄 남쪽 창 옆에 여자아이와 짝이 되어 앉았다. 점심을 도시락 대신 놋그릇에 밥을 가져와서 먹을 때 부끄러웠다. 여자 짝이 나한테 잘해줬다. 예쁜 여선생님이 책을 읽으라고 하셨다. 나는 더듬더듬 읽었다. 그때 일이 아련하다. 선생님이

기를 살려 주셔서 공부가 재미가 있었다. 자정까지 공부했다. 선생님 애인 오는 날이면 질투가 났다. 제발 남자가 오지 않기를 바랐다. 학년말에 우등상을 받았다. 72명 중 2등은 절대 평가로 99점 이상이었다.

아이는 피치 못할 사정으로 전주에서 기거해야 했다. 2학년 2학기 말 무렵이었다. 전학하는 초등학교는 집에서 꽤나 먼 곳이다. 아이는 할머니를 따라나섰다. 마을이 아닌 논밭 사이에 달랑 초등학교 건물이 자리하고 있었다. 비가 온 뒤라서 신발에 황토 흙이 붙어서 떨어지지 않아 그것을 떼어내면서 가는데 힘들었다.

교무실에서 할머니가 사정을 해도 월사금을 내야지 무료는 없다고 단호하게 거절했다. 전학은 문전박대로 깨지고 서글픔을 껴안고서 나 홀로 방학이 되어버렸다. 아이는 기껏해야 집에서 굴렁쇠를 굴리거나 아니면 벽에 공치기를 하며 위안을 삼았다. 학교 대신 홀로 긴 방학 동안 땔감을 하러 다녔다. 그러다가 다시 시골 삼촌이 근무하시던 학교에서 학교생활을 할 수 있었다.

나의 어린 시절을 두고 '만고풍상'이라는 말이 떠오른다. 오랜 세월이 지나는 동안 겪어온 온갖 고난이나 고통을 의미하는 말이다. 건강하다는 것이 행복의 원천임을 직시하고, 내가 가진 것은 모두 다른 사람의 피와 땀이라고 여기고 감사하는 마음으로 나눔에 인색하지 않도록 노력해야겠다.

나는 검불과 같은 삶을 살아왔다. 검불은 흙이 되어 씨앗을 키운다.

구두와 고무신

엄마 손을 잡고 캄캄한 밤길을 걸었다. 대여섯 살 먹은 아이가 겁을 먹을 만도 한데 엄마가 있어서 괜찮았다. 어른들 말을 들으니 무서운 것은 귀신이 아니라 인민군이라고 했다. 인민군이 무엇인지 모르지만 인민군에 발각되지 않게 조심조심 빙판길을 걸어야 한다고 엄마는 작은 소리로 말씀하셨다. 그런데 가죽 구두 굽에서 들리는 "똑똑 딱딱." 소리가 골짜기에 더욱 크게 울렸다. 아버지가 사주신 구두였다. 한 짝이 언제 없어졌는지 쭈그려 신은 한쪽 발에서 소리를 냈다. 사람들은 구두 소리에 화를 내며 잰걸음으로 앞질러갔다. 엄마는 어찌할 바를 모르고 욕을 먹으며 길을 걸었다.

밤하늘에 별들은 잠도 없는지 초롱초롱 빛을 품어내고 있었다. 엄마 등에서 동생도 잠이 들었는지 숨소리마저 내지 않았다. 엄마는 앞서가는 사람 따라가기에 버거웠을 테지만 죽기 살기로 내 손을 잡고 걸으며 사람들을 놓치지 않았다. 우리들은 그날 동굴에서 한밤을 보냈다. 바위 속에서 이슬을 피한 엄마는 뜬눈으로 밤을 보냈을 것이다. 인민군에게 아빠를 잃은 두 아이와 헤쳐 나갈 앞날이 캄캄했을 것이다.

먼동이 트면서 우리는 외가 마을로 향하여 길을 떠났다. 인민군 잔당들을 소탕하기 위해 행군하는 국군들과 피난민이 함께 걸었다. 한참 걷다 잠시 쉴 때 국군이 소금물이 묻어있는 주먹밥을 한 사람에게 한 개씩 나누어 주었다. 나는 철없이 김치 없다고 투정을 부렸다. 엄마가 어디서 김치 한 가닥을 얻어온 것으로 밥을 먹었다. 엄마 등 뒤에서 동생도 먹겠다고 손을 내밀었다.

엄마는 우리들을 데리고 외할머니도 없는 외가에서 목숨을 부지했다. 전쟁 통에 궁핍하기는 어디나 마찬가지여서 엄마는 혼자 시댁으로 식량을 구하러 가셨다. 하지만 엄마는 우리에게 다시 돌아

오지 못하고 그 길에서 만난 인민군에게 목숨을 잃었다. 어린 동생도 엄마를 따라갔다. 세 식구가 하늘나라로 간 그때부터 망망대해에 나만 남겨졌다.

할아버지께서 잠종장蠶種場 언덕바지 일본식 집 셋방에서 살 때다. 오갈 데 없는 나를 거두어 주었지만 식구는 많은데, 끼니 때우기가 어려운 처지라서 입 하나라도 덜어야 했다. 나를 고아원에 보내기 위해서 식구들이 달랬다. 나는 집을 떠나기 싫어서 투정을 부렸다. 그곳에 가면 배부르게 밥을 먹을 수 있다고 하는 말에도 내키지 않았지만 삼촌까지 나서서 있는 말 없는 말 다 하기에 가기로 했다.

집을 떠나기 전날 할머니께서 새 신발을 사오셨다. 검정 고무신이었다. 맨발에 고무신을 신고 할머니를 따라나섰다. 나는 삼촌과 친분 있는 사람의 소개로 가까운 고아원을 찾아갔지만 고아들을 더 수용할 수 없다고 해서 다른 고아원으로 가게 되었다. 지름길이라고 산길로 갔다. 고개를 몇 개 넘고, 언덕바지를 걸어서 산밭을 지나 많은 무덤을 지날 때마다 귀신이 나올 것 같아서 무서웠다. 산봉우리를 타고 나서야 거의 삼십 리 길을 걸어서 고아원에 도착했다.

고원에서 조금 외진 곳에 대밭이 있었다. 대숲에서 범이라도 나올 것 같았다. 그곳에는 남자들만 있었는데 키 큰 형들도 있었다. 다들 지금은 드라마에서나 볼 수 있는 거지 행색이었다. 저녁밥이 너무 적었다. 찬은 소금국이었다. 모두들 배가 고파도 참고 견뎠다. 나는 그날 저녁에 고무신을 껴안고 앉아서 잠을 잤다. 자리가 누워서 잘 수 없을 만큼 좁았고 사람들은 많았다. 아침에 눈을 뜨니 내 검정고무신이 사라지고 없었다. 어린 마음에 분통하고 비통했다.

유아 방에서 생활하면서 잔디 씨 받아오는 일을 하였다. 잔디 씨를 입에 물고 잡아당기면 별이 보인다고 하여서 그 장난을 하였다. 추석을 앞두고 가족사항을 묻기에 나는 아무도 없다고 했다. 그래서 미국으로 입양 가는 명단에 올랐다. 부친 기일이라며 고모와 할머니가 나를 찾아왔다. 할머니를 따라 걸어가는데 걷지 못할 만큼 힘들었다. 그곳에 있는 동안 죽을 고비를 넘기면서 몸이 약해질 대로 약해져 있었다.

지금도 신발 잃어버린 꿈을 자주 꾼다. 구두와 고무신이 잊히지 않는다. 짝을 잃어버린 구두에 아버지의 사랑이, 하루 신고 뒤꿈치가 헐어서 아팠던 검정고무신에 할머니의 사랑이 들어 있다. 두렵고 아팠던 기억 속에 따뜻한 마음을 담고 마음에 남아 있다.

유튜브 창을 열었다. 우크라이나와 러시아의 전쟁 때문에 화염이 피어오른다. 사람들이 피난을 가고, 아이들이 운다. 전쟁이 만든 참상을 생생하게 전한다. 전쟁 속에서 가족을 잃고 험한 세상을 살아온 나는 식은땀이 나고 숨이 찬다. '아이들은 또 무슨 죄인가?' 아문 줄 알았던 상처가 쑤셔온다.

뒷간

오월의 청잣빛 하늘에 해는 중천에 떠있다. 지명知命 때 본 지리산 해우소 생각이 난다. 해우소 옆에 몇 걸음 지나서 텃밭이 있었다. 장다리꽃은 화려하게 치장하고 벌 나비를 맞이하고 있었다. 연보라 무꽃에 얼룩무늬나비가 앉는다. 하얀 무꽃에 흰나비가 앉는다. 배추꽃에 노랑나비가 앉는다. 나비들이 숨바꼭질 놀이를 하는 것 같다. 벌은 십자꽃잎에 살포시 앉았다. 술래는 꽃 속의 꿀과 꽃가루 찾아왔다. 나비는 꿀 향기에 취해 꽃잎 품에 안겨 개풍凱風에 자장가 삼아 졸고 있다.

벌들은 꽃잎 품에 안겨있는 것이 시샘이 나 힘겹게 춤사위를 벌이며 윙윙거리고 있었다. 텃밭을 바라보면서 함께 나누어 먹도록 자라는 채소가 더할 나위 없이 아름답고 평화스럽다. 벌 나비가 자유스럽고 행복해 보여도 열심히 주어진 환경에 힘들게 일하고 고통을 견디며 미래를 위해서 씨를 남기고 간다.

콘크리트 네모난 독에 곰삭은 액비가 반 이상 있었다. 통나무 가로받침대 위에 서까래를 드문드문 걸쳐 놓았다. 서까래 위에 두꺼운 송판을 촘촘하게 이어서 깔았다. 한쪽 중앙에 배설용 낙하 구멍이 있다. 독에 물체가 낙하하면 풍덩 소리와 함께 튀어 오른다.

혹한기에 오랫동안 발효된 해우소 액비를 텃밭에 그득하게 뿌려 놓았다. 텃밭에 뿌려진 액비는 얼다가 풀리다가 시달리며 한겨울을 난다. 액비가 아름다운 꽃밭과 씨앗을 만들 것이다.

주거환경에 따라 뒷간과 화장실 구조가 달라졌다. 요즘은 시골도 알뜰한 주택을 짓고 실내용 화장실과 욕실을 편리하게 활용한다. 화장실 시설도 아늑한 분위기로 위생적이면서 편리하게 꾸며지고 있다. 한 시대를 살면서 화장실 이름만큼이나 자세가 달라지는 것을 생각하면 미소가 절로 나온다.

시골에는 헛간과 뒷간이 있었다. 헛간에는 땔감이 되는 것과 농기구 등 자질구레한 물건들을 쉽게 찾아 쓰고 두는 곳이다. 뒷간은 농촌의 두엄자리다. 디딤돌 두 개에 쪼그리고 걸터앉아서 볼일을 볼 수 있게 놓은 뒷간이다. 그 뒷간에는 재, 톱밥, 왕겨 등을 변과 함께 버무려서 두엄을 만든다. 화장실의 다른 이름에는 뒷간, 측간, 해우소, 변소 등이 있다.

어느 마을에 금실 좋은 부부가 살았다. 남편이 병이 나서 날이 갈수록 병색이 짙어졌다. 아낙은 걱정이 되어 안절부절못하고 있을 때 용한 노파가 병을 다스리는 약초로 부추를 생으로 먹도록 일러줬다. 아내는 재거름을 듬뿍 줘서 부추를 길렀다. 그것을 먹으면서부터 남편은 원기가 회복되었다. 자연의 순리대로 순환하는 것이 생명을 살리는 원리이다.

지난 세월을 보내면서 얽힌 뒷간의 추억이 어제 일같이 생생하게 떠오른다. 초록 밭 채소, 꽃들과 벌 나비가 어우러지는 곳, 퇴비가 다시 생명을 키우던 낙원이 그립다.

먼동 소리

동짓달 괴괴한 어둠을 베고 자다가 일어나 앉았다. 늘 하던 기도 머리에 살며시 얹힌 홰치는 소리 아스라이 울릴 때가 여명黎明의 시작이다. "꼬끼오" 울림이 정겹게 들리면 우윳빛 유리벽도 뽀얗게 밝아온다. 앉은뱅이 스탠드와 거울이 벗처럼 나란히 사각 상 위에 있다. 거울에 먼지가 언제나 뿌옇게 앉아있다. 그것을 닦고 보면 노인이 보인다. 어제 저녁참 일이 생각난다.

장남이 부모 저녁 대접을 한다고 하여 아내가 마을 가까운 곳으로 장소를 정했다. 약속시간에 큰아들 차에 며느리와 동승하여 가는데, 아내의 전화벨 소리가 울렸다. 전화를 받고 침통한 표정을 지으면서 "그렇게 갑자기 가다니." 허탈감을 드러내고 있었다. "저 세상 가기 전에 한번 찾아봤어야 하는데." 하면서 안타까움을 못내 웅얼대고 있었다. 집 비운 냉골 구들장서 밀려오는 한기가 코끝을 싸하게 후비듯이 어둠의 그늘이 온몸을 감싸듯 하였다. 광풍에 온몸이 허공에 떠 날아가는 것 같다. 서러움에 파도 소리를 내고 싶었다. 흘러가는 강물처럼 돌아올 수 없기 때문에 눈물이 난다. 육신은 먼지의 세상으로, 영혼은 멀고 먼 곳으로 갔다.

소태나무 껍질을 씹고 나온 저녁이었다. 아들은 우리의 기분을 전환하기 위해서 한 해 동안 해야 일을 사 분의 일 실적을 이미 올렸다고 자랑을 한다. 하얀 눈발이 엉겅퀴 하얀 씨앗처럼 허공을 날다 흩어지며 잠행한다. 하얀 눈이 까만 아스팔트길을 촉촉하게 적시고 있었다.

친부모 형제처럼 자상하던 분, 함께 나누던 정담이 어제 일 같았다. 불혹의 나이에 성당에서 교리 공부하고, 세례를 받을 때 세례식에서 대부 · 대모가 되어주었다. 대부와 사십 년 친근한 인연으로 지냈다. 도시에서 동떨어진 시골 셋방살이를 대부와 같은 마을에서 할 때였다. 아내는 경제적으로 어려운데도 내색하지 않고 살림을 꾸리는 데 온 힘을 다할 때였다. 대부 · 대모가 곡식, 채소, 양념감 등을 가져오면 빈손으로 받기만 했다. 아내와 아이들이 시내 아파트로 이사를 와서도 대모는 곡식과 채소를 가져왔다. 대부가 챙겨서 김장철에도 도움이 되었다.

대부가 몇 해를 두고 암 투병으로 대모의 극진한 병간호를 받아 왔었다. 대모마저 병이 나 간병을 하기가 여의치 않아 요양 병원에 입원시켰다고 한다. 대모도 집 떠난 환자 생각에 불면증까지 생겨 어지럼증으로 쓰러지면서도 힘들게 정신을 차렸다고 한다. 대부는 요양병원에 입원한 지 얼마 되지 않아 힘없이 맥을 놓았다. 대부는 모친을 위해서 효성을 다하여 백 하고 사 년을 장수하게 하셨다. 이승공덕 쌓아놓고, 정든 사람들 두고 무정하게 떠나다니.

아내가 해를 두고 두 번씩이나 병원에 입원할 때였다. 대모가 정성을 들여 요리한 음식이며 쾌유를 기원하는 봉투까지 챙겨 오셨다. 조금이나마 그 공을 저버릴 수 없다면서 몇 번 위문을 해왔다. 아내는 조급한 마음에 상대방의 분위기는 잊고 그냥 환자의 건강에 보탬이 되는 식품을 준비하여 가기를 원했지만 나는 말렸다. 그분들이 지금은 모든 것이 귀찮을 때인데 우리가 시간을 주고 기다리자고 했다. 자꾸 우리가 들락거리면 마음이 불편해지니 마음이 안정되면 얼마든지 정을 나눌 기회를 갖자고 했다.

나는 새벽 동이 트는 것을 바라보면서 함께했던 사람들이 세상을 떠나면 다시 볼 수 없다는 데 황망하고 허무했다. 세상의 이별은 한 줌의 재가 되는가. 세월 따라온 길에 부모 형제도, 친척도 친구도 하나의 풀씨처럼 허공을 날다 사라진다.

먼지는 나를 보면서 '너도 나처럼 한낱 먼지다. 세상에 태어나서부터 나와 함께했지만 나를 홀대했지. 너도 머지않아서 먼지일 터인데….' 하고 말을 건넨다.

어두운 밤에 단잠을 잘 때 먼지도 잠잠하다. 천을 들썩거리거나, 책갈피를 넘길 때 먼지는 소리 없이 허공을 맴돌다 가만히 자리한다. 먼지는 빛에 반짝이기도 하며 자기의 모습을 잠시 드러낸다. 모든 물체는 먼지가 되어 먼동 소리처럼 허공을 맴돌다 사라진다.

벌레 때문에

집에 간혹 벌레들이 날아다닌다. 아내가 모아둔 곡식과 알뿌리 채소에서 생긴 벌레들이다. 그것을 보는 대로 잡았다. 아내는 먹을거리가 넉넉히 준비되어 있어야 직성이 풀리고 안심이 된다고 한다.

아내는 신혼 초부터 빠듯한 생활비로 알뜰하게 생활했다. 이제는 생활비가 부족한 편이 아닌데도, 그 버릇을 못 버리고 취미생활처럼 끊임없이 곡식과 감자, 고구마, 양파, 마늘, 고춧가루를 비축한다.

비닐하우스 가장자리에 다른 작물을 심기 위해 좀 일찍 마늘을 수확했다. 밭에서 캐온 마늘은 흙만 대충 털고 통째로 가져왔다. 겉잎이 몇 가닥 누렇게 쪼그라든 것은 마늘 구근球根이 충분이 자랐다는 증표다. 아직도 대와 잎이 초록 때를 벗지 못하고 수분을 붙들고 있다.

마늘 대를 바로 자르면 통마늘에 양분이 감소된다고 하여 한 주 동안 쌓아둔 것이 대와 잎이 썩으면서 고자리가 생겼다. 묶어서 그늘에 매달아 놓으면 아침 시원한 바람과 해넘이 바람에 건조되어 톡 쏘는 향기와 맛이 그만인데. 날벌레 걱정이 된다. 감자 날벌레가 욕실에서 극성을 부리고 있다. 양파 썩은 냄새는 고약하기가 말로 표현하기 어렵다.

아내가 다급하게 나를 부른다. 벌레들 좀 보라고 한다. 벌레들이 빨빨 기는데 크기에 비례해 보면 기는 게 아니라 달음질치는 것 같다. 벌레는 토실토실한 딱정벌레 새끼 같다. 작은 벌레는 딱딱한 갑옷날개를 등에 두르고, 마치 잠수함 생김새로 쌀알보다 작은 바구미였다. 바구미가 욕실과 거실에 굼실굼실 기어나오는데 손을 쓸 수 없을 정도다. 겉보리와 흑미黑米가 가득 담긴 통을 열었을 때 곡식은 온데간데없이 바구미만 우글우글했다. 그것을 보자니 비위가 상하면서 소름이 돋았다.

찹쌀을 넓은 대야에 옮겨 놓았다. 바구미들이 버글버글 밖으로 기어나오는데 주체할 수 없을 정도였다. 산발적으로 바닥을 기다가 순식간에 벽을 타고 올라갔다. 드문드문 벽과 바닥에서 헤매는 것들을 검지로 비볐다. 바구미 떼가 거실 바닥으로 흩어진 것도 쓰레받기에 담아 변기 물에 버리고 물 내리기를 깜박했다. 시간이 지난 후에도 바구미는 물에서도 오랫동안 죽지 않고 물놀이를 하고 있었다.

바구미는 흑색이고, 흰쌀과 구분이 뚜렷하여 가려내기가 쉬웠다. 손으로 쌀 한 움큼을 흰 스티로폼 상자 뚜껑 위에 놓고 가리는데, 기고 있던 벌레는 감쪽같이 사라진다. 바구미가 쌀알 속에 몸을 움츠리고 숨어 있을 때 쌀알이 거무스름하다. 그 쌀알을 뉘 고르듯 하여 엄지와 검지로 비비면 쌀알은 미세먼지처럼 가루가 되고 바구미는 티끌로 부스러진다. 비빈 것이 꿈틀거리면 다시 비볐다.

아내가 시골생활 때다. 쌀에 바구미가 생겨서 그것을 햇볕에 말리려고 하는데, 노옹老翁이 가는 길을 멈추고 했던 말이 생각났다. "이 일을 어쩌나! 벼는 볕에 말려도 쌀은 말리는 것이 아닌데, 새댁! 쌀을 볕에 말리면 쌀이 갈라지면서 싸라기가 되는 거여, 바람이 통하는 응달에서 말려. 바구미도 기어 나오고 쌀도 온전한 쌀로 먹을 수 있을 거여."

삼 년 전 늦가을에 묵은쌀 10kg을 새 모이로 논에 흩어서 뿌렸다. 그때처럼 바구미 쌀도 버리자고 했다. 바구미를 가려낸 찹쌀을 일반미와 혼합한 것이 결국 바구미 쌀이 되고 말았다. 아내는 사돈이 농약 대신 우렁이논에서 수확한 청정미를 버릴 수 없다고 했다.

아내는 쌀독에 마늘과 고추를 미리 넣어놓으면 쌀 버러지가 생기는 것을 방지할 수 있다는 것을 알고도 못 했다고 한다. 이번 큰 경험을 통해 경각심을 갖는다고 한다. 가진 것에 대한 애착愛着이 바구미 소동까지 몰고 왔다. 이제는 비워야 할 때인데….

월요 장터

월요일은 마을 장날이다. 우리 아파트에서도 월요일이면 단출한 상인들이 팔 물건을 펴놓은 것을 볼 수 있다. 주로 과일, 생선, 뻥튀기 정도가 있었다. 아내는 오래전부터 마을에서 떨어진 아파트장터에서 채소와 콩나물을 사왔다. 이 아파트는 동 서로 관통한 4차선 길이 나 있다. 장날이면 마을길 좌우에 나란히 주차장이다. 상인과 고객들이 낮 동안 머물다 갈 차들이다. 저녁시간이면 퇴근하는 이들의 주차 공간이 된다.

언제나 사람들로 북적거리며 장사진을 이룬다. 사람들은 나긋나긋하고 부드러우면서 늘씬한 몸을 보여주는 노랑머리 콩나물을 맞이하러 온다. 소박한 시루에 빼곡하게 담긴 하얀 줄기에 노랑 머리가 호감을 갖게 한다. 그것을 탐하러 시간이 되면 꾸역꾸역 사람이 모여 든다.

채소 파는 곳과 콩나물 파는 곳은 언제나 고객이 많다. 콩나물 파는 곳에는 콩나물을 사기 위해서 줄을 서서 기다린다. 비닐봉지에 미리 담아온 콩나물보다 콩나물시루에 자란 콩나물을 좋아한다. 짐작에 금방 뽑아낸 콩나물이 신선하여 요리하면 맛이 있어서 그런 것 같다. 콩나물은 금방 팔린다.

아내는 후딱 봉투에 담아 놓은 것을 산다. 신선한 콩나물도 냉장고에서 잠시 보관하니 구태여 신선한 것을 사기 위해서 차례를 기다리는 수고는 하지 않아도 된다. 아내는 같은 콩나물을 그냥 가져가지 기다려서 가져가는 것을 보면 속을 모르겠다고 한다. 거기에는 무언가 그럴 만한 서로가 합당한 이유에 의해서 이루진 풍경일 것이라고 생각한다.

땅바닥의 채소들이 주부들의 북새통 속에 줄어들고 있었다. 채소 파는 곳은 각자가 살 것을 모아서 계산을 하는데, 주인 부부는 나이 차가 있어 보인다. 여자가 동남아 지역 사람이다. 양쪽 가족이 거드는데 명절 때나 김장철에는 돕는 사람 수가 달라진다. 늘이 난장 물건이 단세가 나는데 그게 제철에 먹는 채소다. 채소는 언제나 밭에서 금방 가져온 것 같이 신선하고 같은 채소라도 맛난 것으로 가져 오기 때문인 것 같다. 나이 지긋한 주부들이 그동안 힘써 익힌 솜씨로 척 보면 진위를 파악하여 쓸모를 짐작하고 골라간다.

한국인 남편은 계산력이 빠른 반면에 왜소한 외국인 아내도 남편 따라 눈치껏 잘하고 있다. 아내가 여러 가지 채소값 계산을 다 한 줄 알고 가려고 하는데 여자가 깻잎 이천 원 계산이 안 되었다고 한다. 남자는 대수롭지 않게 여기고 그럴 수도 있다고 한다. 여하튼 기억력도 대단하다. 아내가 실수한 것이 겸연쩍은지 얼른 미안하다고 한다. 키가 작고 왜소하지만 우리말을 잘하고 계산도 야무지게 잘한다.

종이박스에 가득 담긴 것을 싣고 남은 것마저 차에 실었다. 아내가 손을 잡으려 한다. 나는 대뜸 젊었을 때 잡자고 하지 이제 늙어 힘드니까 손잡자고 한다고 하니까 나이 지긋한 아주머니가 빙긋이 웃음 지으며 "그런게요!" 자기도 그런 세상을 살아왔다고 한다.

마을장터 사람들이 서로 주기도 하고 받기도 하니 보기가 좋았다. 오늘도 사람들과 함께하는 날이 즐거웠다.

장미도 아팠다

새벽길에 장미가 웃는다. 꽃 빛깔에 가려진 향기는 밍밍하다. '나도 여기 있소.' 찔레꽃이 하얀 이를 내밀었다. 울타리 위로 덩굴장미와 야생 장미가 고개를 길게 빼고 신고식을 한다.

오가는 이들이 장밋빛이 새빨갛게 곱다고 하면서 사진을 찍는다. 찔레꽃 향기에 노랑 꽃가루가 있는 곳을 벌 나비가 찾아든다. 꽃은 노랑 가루와 꿀을 내어주는 것을 자랑하지 않는다. 벌도 나비도 부지런히 꽃 사이를 오간다. 순리대로 동물과 식물이 살아가는 방법이다.

인도블록 따라서 아파트 울타리 가로 심어진 덩굴장미가 오월의 푸른 하늘을 바라보고 있다. 들장미도 뒤지지 않으려고 장미 사이에 끼어 움츠리고 있다. 빨강 꽃 물이 뚝뚝 떨어질 것 같다. 하얀 찔레꽃은 수줍으면서도 초연하였다.

나는 엄지와 검지로 장미 한 송이를 살며시 붙들고 코에 대고도 향기를 찾지 못했다. 찔레꽃 향기는 곁에 있기만 해도 은은하게 풍긴다. 그 꽃을 코 가까이하면 짙은 향기가 난다. 찔레꽃 향기는 고급 향수 생각이 나게 한다.

언제나 울안 나무들로 장미가 햇볕을 제대로 받을 수가 없다. 높은 건물 틈바구니에서 겨우 나온 해를 맞이하고 있다. 울타리를 타고 있어야 할 장미가 나뭇잎을 헤집고 대나무처럼 꼿꼿이 자라는 것을 한참 보고 있었다. 식물들도 주어진 환경 속에서 적응하기 위해서 몸부림치며 힘들게 살고 있다. 그것을 본 난 사람이나 식물도 산다는 것은 고행이구나 싶었다.

꽃 구경하면서 꽃 빛깔에 탐욕이 생겼다. 탐욕에 눈도 어두워져 자신의 합리화를 위해서 자기중심적인 변명을 한다. '저 많은 꽃이 피고 지면서 얼마 지나지 않아서 모두 낙화할 거야. 그러니까 좋은 뜻으로 세 송이만 꺾어 화병에 꽂아도 염치없는 짓은 아니겠지.' 꽃봉오리가 조금 달린 것이 없어서 작은 가지를 꺾는데 오가는 사람들 눈치를 볼 수밖에 없었다. 얼른 꺾어야 하는데 쉽게 되지 않았다.

바삐 서둘다 따끔하였다. 장미 가시에 팔도 찔렸다. 장미 대는 꺾어지고 마麻껍질같이 질겨 좌우로 돌려가면서 힘겹게 잘라냈다. 장미도 본 줄기 껍질이 벗겨지면서 생채기가 생겼다. 손가락이 따끔거리고 팔뚝도 쓰리고 아팠다.

집에 가져온 가지에는 세 송이만 필요한데 무려 일곱 송이나 달렸다. 전지가위로 활짝 핀 것과 아직 꽃받침이 모두 감싼 것이 꼭 열매 같아서 따내고, 성모상 앞 화병에는 네 송이를 꽂았다. 그 꽃을 본 성모상은 '그냥 꽃가게에서 구하면 되지.' 하시는 것 같았다.

엄지가 비비면 검지가 따끔거리며 아프다고 한다. 확대경으로 살펴보니 살 속에 2mm 정도 까만 티가 보였다. '장미가 얼마나 아픔을 참지 못했으면 나에게 따끔한 침을 놓고 그 침 끝이 검지 중앙에 자리 잡게 했을까?' 장미는 나의 통증을 통하여 자기의 아픔도 생각하라는 것 같았다. 바늘 끝을 열소독하고 엄지의 지문 사이 살갗을 바늘로 찌를 때 따끔거리며 짜릿짜릿했다. 피부 겹겹 후벼

파고 들어가서 가시를 파냈다. 연고를 바르고 밴드로 싸맸다. 지혜롭지 못한 허튼 탐욕에 사로잡혀 장미를 아프게 하고 나도 아팠다.

긁어 부스럼

검지 손톱 가에 거스러미가 신경 쓰였다. 거스러미를 손가락이 스칠 때마다 거슬거슬하고 간질간질하여 몹시 언짢았다. 처음에 무당벌레 더듬이만 한 것을 건드리고 잡아당기기를 시나브로 하릴없이 하였다. 거스러미가 말벌 더듬이만큼 길어진 것을 쥐어뜯었다. 손에서 피가 나기에 화장지로 눌렀다. 손가락이 열이 나면서 아렸다. 환부가 엄지손가락만큼 부풀어 가까운 병원에서 치료받기 시작했다. 결국 손톱이 빠지고 새 손톱이 났다.

아내는 나보고 살결이 고약하다고 한다. 한 번 덧나면 오래가는 것을 두고 하는 말이다. 아내가 쓰고 남은 로션을 주면서 손가락 거스러미와 발에 각질이 생기지 않게 발라보라고 한다. 나는 가끔 가벼운 옷을 손수 세탁한다. 고무장갑을 끼고 재활용 세탁비누를 사용해 비비면 세탁이 깔끔하게 된다. 맨손으로 세탁을 해서 그런지 손가락에 거스러미가 가끔 생긴다. 그때마다 손톱깎이로 잘라도 시원하지 않아 그냥 쥐어뜯었다. 그러면 피가 나고, 닦아내고 바로 연고를 바르고 밴드로 감으면 아무렇지 않았다.

아내는 어릴 때 엄지발가락이 아릴 때 불덩이 같은 뜨거움을 참았다고 한다. 피부가 점점 붉어지면서 곪을 때 통증을 잊을 수가 없다고 한다. 아내의 부친께서 오이 냄새 나는 풀을 찾아 캐왔다. 그것을 삶은 물에 발을 담그고 있는데, 도드라진 살갗에서 고름이 빠지면서 부기도 잦아들고 없었던 것처럼 신통하게 치료가 되었다는 것이다.

나는 오래전부터 오른쪽 복사뼈에 군살이 더부살이하고 있었다. 생활하는 데 별 불편이 없었다. 보기에 도드라져서 다른 쪽 발과 균형이 맞지 않을 뿐이었다. 그 군살은 신경도 피도 통하지 않아서 남의 살과 같았다. 나는 발가락이 공기가 잘 통하게 벌어져 있다. 겨울철에 유독 발꿈치에 각질이 잘 생긴다. 지난날 조부님께서 파인 발꿈치에 밥알을 짓이겨서 채우고, 헝겊에 발라서 꼭 붙이시던 모습이 떠오른다. 나도 어렸을 때 손가락과 발꿈치가 벌어져서 아팠다. 그때는 따뜻한 물로 자주 씻지 않아서 그런 것 같다. 손등에는 물사마귀가 송알송알 생겨서 보기 사나웠다. 처마 밑 낙숫물 때문이라고들 했다. 근거가 없는 말이다. 관심 없이 지내다 보니까 저절로 사라졌다.

나는 습관적으로 딱딱한 바닥에 책상다리하고 앉아서 있을 때가 많았다. 그게 군살이 된 것 같다. 군살은 하루 이틀에 생긴 것이 아니고 오래전부터 생긴 것을 무심하게 지내다가 이제 와서 관심을 두게 되었다. 아내가 준 로션을 틈틈이 바르다 보니 단단한 군살이 말랑말랑해지면서 각질이 벗겨지려는 것을 손톱깎이로 잘랐다.

그 후로 큼직한 각질을 들어냈다. 복사뼈 주변 피부의 군살이 없어지고 선홍빛이 보일 정도로 얇아졌다. 나는 무심코 단단한 타일 바닥에 책상다리를 하고 앉았다. 얇은 피부에 쓰린 느낌이 있어서 보니 염증이 생긴 듯 보였다. 그것을 손으로 만지다가 피부가 벌게지면서 온 발등이 부었다.

바로 병원을 찾아가야 했는데, 집에서 고작 항생제 연고를 바르고 파스를 붙이는 짓을 하고 있었다. 대수롭지 않게 생각하고 아침 운동을 하는데 아파서 걸을 수가 없었다. 그때 비로소 불안해졌다. 마침 큰아들이 내 발을 보고 아버지 일 났다고 했다. 그 길로 병원에 가서 입원을 했다. 내가 병원에 있는 동안 아내가 마음고생을 많이 한 것 같다.

병원에서 보름 동안 치료를 받고 퇴원을 했어도 매일 소독치료를 하고 약을 먹고 있다. 젊은 시절 같지 않고, 나이 들면 면역력이 약하여 생채기가 나거나 부기가 생기면 쉽게 치료가 되지 않고 오래도록 견디어야 한다. 늘 조심하면서 지혜롭게 대처하지 못하면 힘든 시간을 보내게 된다. 차가운 바닥을 피하고 방석도 사용할 일이다.

'긁어 부스럼'이란 말이 있다. 심심하다고 몸에 손을 대 생채기가 덧나서 고생하다니. 내가 몸을 다독이며 사랑해야지 누가 하겠는가. 오래도록 나를 위해 많은 고생을 한 몸인데….

행복한 파문

상 위에 스탠드가 있다. 밤이면 아담한 등불이 나만의 공간에 요긴한 구실을 한다. 나는 깊은 밤이 좋다. 스탠드 불빛은 새어 나가도 빛 공해로 수면을 방해하지 않아 다행으로 여겼다.

성당에서 주최하는 만남 벼룩시장에서 앉은뱅이 스탠드를 천 원에 구입했다. 그것을 오 년을 쓰다가 자라 등 받침이 뜨거워지면서 소음까지 내기에 오래가면 위험할 것 같아서 버렸다. 얼마 지난 후 쓰레기 버리는 곳에 버려진 작은 앉은뱅이 스탠드를 가져왔다. 그것도 몇 년 사용하는데, 갑자기 작동되지 않아 오래된 스탠드 때문에 누전차단기가 내려간 줄 알고 버렸다. 알고 보니 보일러 전기연결 부품 고장 때문이었다. 더 사용해도 됐는데….

한의원에서 치료받고 오는 길에 마트에 들러 새 스탠드를 사왔다. 검정빛 플라스틱 몸체에 윤기가 흐른다. 스탠드가 가볍고 편했다. 설명서를 보니 사용법도 간단했다. 오랜만에 가져본 새 스탠드를 아이처럼 이리저리 보며 기뻐했다. 작아도 쓸모가 있으니 좋다.

구입한 스탠드 이름이 프리즘 LED 스탠드다. 신광원(LED), 프리즘(광학에서 빛을 굴절, 분산, 반사시키는 데 쓰이는 부품), 스탠드(책상 위 전기등) 이니 알기 쉬운 이름으로 '새 빛 등'이라고 하고 싶다.

밝기 조절을 3단으로 할 수 있다. 가볍게 검지로 터치한다. 한 번 터치하면 희미한 빛이 나오는데 어두우면 불안해하는 사람이 켜놓고 잠자기 좋다. 두 번 터치하면 첫 번째보다 밝은 빛이 나온다. 너무 밝은 빛 아래서 글을 읽을 때 눈이 피로해지는 것을 보호해 줄 수 있다. 마지막 단계는 더욱 환한 빛이 나와서 시력이 안 좋은 사람이 밝게 볼 수 있다. 오래 쓸 수 있고, 시력 보호에 좋은 등이라고 한다. 등을 위아래로 젖혀 밝고 어둠을 조절한다. 눈부심 필터기가 있어 눈의 피로를 보완해주는 기능도 있다.

옛날 시골 골방 침침한 호롱불 밑에서 어떻게 살았는지 기억조차 까마득하다. 그 불빛으로 공부를 하고, 놀이를 하면서 살았다. 호롱불 아래서 살 때는 하늘에 별도 가득했고, 달밤에 하얗게 핀 박꽃도 예뻤다. 지금은 별도 박꽃도 보기 어렵지만 그때와 아주 달라진 세상이 꿈만 같다.

나는 글쓰기를 잘했다 생각한다. 글을 쓸 때는 등불의 고마움을 절실하게 느낄 수 있다. 30촉 형광등이 자정 무렵이면 너무 밝아서 쪽방 창문을 가리지 않으면 빛 공해가 될 정도다. 새로 산 스탠드가 글을 쓰고 책을 읽을 때 좋은 친구가 될 것이다. 작은 물건 하나가 행복한 파문을 일으킨다.

3부

바람이 오는 날

고구마 캐는 날

구슬비가 내린다. 늦가을에 작물뿐만 아니라 사람도 가뭄을 탔다. 미세먼지와 건조함 때문에 호흡기 질환에 주의하라는 뉴스 보도가 있었는데, 구슬비가 감질나게 왔다. 흡족한 비는 아니지만 그만큼도 약비가 되어 고마웠다.

어제만 해도 하천과 계곡은 물안개로 가려져 있었다. 기다림 끝에 비가 오자 이른 아침부터 밭에서 일들을 한다. 낙엽은 비에 젖어 빛바랜 갈색이 주황빛을 띠고 있다. 납작하게 누워 버린 낙엽은 건물 사이로 몰려오는 바람에도 미동도 않았다.

아내와 시골 사돈댁을 가는 날이다. 사돈댁에서 고구마를 캐가라는 연락이 왔다. 막내며느리와 손녀, 손자까지 동원이 되었다. 섬진강 둑을 따라 강물 흐르듯이 달렸다. 태양열 집열판이 강둑 너머로 장대한 시설이 되어 삭막했다. 그곳을 지나면 바로 고구마 밭이다.

안사돈이 낫을 들고 고구마 넝쿨을 잘라놓으면 뒤이어서 사돈이 트랙터로 고구마 심은 밭고랑으로 뒤집었다. 그 이랑을 따라 양손으로 부드러운 흙을 헤집고 고구마를 들추어내기도 하고 캐냈다. 일곱 살 손자와 열 살 손녀가 장갑을 끼고 열심히 일하는 모습을 보면서 아들과 함께 논에서 메뚜기 잡던 시절이 아스라이 떠올랐다.

“엄마! 엄마 메뚜기가 새끼 메뚜기 업고 있는 것 잡았다.” 그 새끼 메뚜기는 아빠 메뚜기라고 하지 않고, 그냥 새끼로 인정해 줬다. 아내는 “우리 아들이 엄마보다 잘 잡는구나!” 칭찬을 해주며 잘도 잡았다. 둘째 아이는 업혀 있다가 내려놓으면 칭얼칭얼하며 기다가 걷는 사이에 잡았다. 아내는 그 메뚜기를 팔아서 주방도구를 샀다고 한다. 그 메뚜기를 아이들에게 먹이지 못한 것이 후회스럽다.

구름 한 점 없는 남빛 하늘, 따가운 햇볕 아래 고구마 찾느라 송알송알 땀이 맺혔다. 그것을 강바람이 살며시 닦고 간다. 토질이 비옥한데 날이 가물어서 고구마가 연근처럼 가늘고 길쭉했다. 고구마가 실뿌리가 많다. 원뿌리가 물을 찾아 땅속 깊이 들어가 갈증을 채우지 못해 물관과 체관에 껍질만 앙상한 실고구마가 되었다. 고구마를 부러지지 않게 캐기가 힘이 들었다.

강바람이 쌀쌀하여 햇볕도 잘 들고 바람막이가 있는 곳에 자리를 잡고 점심을 먹었다. 땀 흘려 일하고 먹는 점심은 무엇을 먹어도 꿀맛이었다. 행복에 대하여 말들을 많이 한다. 행복은 시공간에 따라 바라보는 생각에 따라 달라진다. 힘이 들어도 내가 누군가에게 도움이 되고, 그가 도움 받고 평화롭게 지내는 것을 보는 것이 행복이 아닐까 싶다.

오후부터는 해가 속력을 내고 달렸다. 손자는 곤하게 잠을 자고 며느리는 자는 아이의 잠자리를 살펴주고 곧장 일을 시작했다. 며느리는 어릴 때부터 부모님 일손 돕는 일이 익숙해서 고구마 모으기, 분류, 고르기, 담기, 옮기기, 싣기, 내리기 등 힘들어도 척척 알아서 잘한다. 해가 산마루에 걸렸다.

사돈은 매일 쉬지 않고 일을 하시는데 아내와 나는 지쳐서 몸이 천근만근이었다. 핸들을 잡고 집으로 달리는 동안 농촌에서 일하시는 분들의 고마움을 다시금 생각했다.

대마초

외가에서 묵고 있을 때다. 어린 나이에 청초한 풀숲을 바라보면서 외로움을 달래고 있었다. 꾀죄죄한 아낙들이 길쌈 품앗이 하면서 주고받는 이야기들이 꿈인듯 떠오른다.

삼밭은 아이들 놀이터로 몸을 숨기면 찾을 수가 없다. 그곳을 겁없이 깊이 들어가서 밖으로 나가는데 길을 잃어 헤매다가 나왔다. 방향감각마저 잃고 혼미해지면서 두려움이 엄습했다. 무서워서 삼밭에 들어가는 놀이를 멈추었다.

외가는 외할머니도 없고 외할아버지만 외롭게 지내셨다. 내가 의지하고 지낼 곳이 여의치 않아 이곳저곳에 밥을 얻어먹고 지냈다. 개구쟁이 미운 여덟 살 가슴에 한기가 서렸다. 부모의 온기가 없기 때문이다. 내 차림도 길거리 거지나 진배없었다. 나를 두고 가엽다고 했다. 아낙네들이 둘러앉아서 삼 품앗이 하면서 나를 두고 하는 말이다. 그럴 때마다 처량해졌다.

갈바람 부는 아침에 훌쩍 커버린 삼이 떨고 있었다. 대마 껍질을 갈라 비벼서 가늘고 길게 서로 이으면 실이 된다. 여자들은 다리를 구부리고 허벅다리의 속살이 보이게 드러내놓는다. 생삼 가지를 찐다(삼굿 또는 삼 찌기). 삼 타래 머리를 풀어서 놓는다. 양손으로 갈라진 삼가닥을 들추어낸다. 가늘게 짼 삼 두 끝에 침을 묻혀 무릎에 대고 손으로 비벼서 실 가닥을 이어 이음새를 없게 한다. 실 삼을 헝클어지지 않게 소쿠리에 담아서 다음 실잣기 준비를 한다.

나는 나이 들어 그때 그 시절 길쌈 분위기를 퍼즐 맞추듯이 반추하여 보면 뽕밭과 삼밭이 연인들의 만남의 장소였다. 아낙은 무렴도 아랑곳하지 않고, 알 듯 모를 듯한 이야기를 하고 있었다. 나는 그 당시 그 이야기들이 무슨 말인가 통 알 수가 없었으나 흥미진진한 이야기 속의 남녀 관계가 지금 생각해 보면 외설적인 면이 다분히 담겨 있었던 것 같다. 자분자분 도란도란하다가 갑자기 자지러진 폭소에 어안이 벙벙해지면서 바라봤던 생각이 난다.

몰골은 쥐어 놓은 개떡 같지만, 남산댁이 늘 분위기를 입담으로 좌우하고 있다. 남산댁이 과수댁 행실을 두고 소문이 자자하다고 말한다. 마을에서 외진 집에서 사는데, 남편이 세상 떠난 지 대여섯 달밖에 안 됐는데 외간남자와 정분이 났다고 한다. 과수댁은 체격이 땅딸막하고 살결이 까무잡잡하면서, 까칠해 보여도 넉살이 보통이 넘는다고 한다. 과수댁을 사흘거리로 들락날락거리는 남자에게 활력소가 되는 약제藥劑를 먹이고 있다고 한다.

앞전의 남자가 여러 날 자리를 비우게 되었다. 그 사이에 또 다른 사내와 정을 통하였다고 한다. 전 남자가 나타나서 서로 여자에 관심을 갖고서 얼마간 별 다툼 없이 사이좋은 삼각관계가 되었다고 한다. 두 사람은 마약痲藥에 취한 것처럼 정신이 혼미해 보였다고 한다. 앞 사나이는 황우 같고, 뒤 사나이도 근력이 대단한 체격이었다고 한다.

황우 남자는 시름시름하다 세상을 떠났는데, 그 뒤를 이어서 근력가도 죽음을 면치 못하고 떠나야만 했다. 그들은 대마초를 피우고 그로 인하여 짧은 생을 마치지 않았나 싶다.

총각들이 어른들의 봉초를 갱지更紙 아니면 피지皮紙로 말아 피우다가 그마저 바닥나서 삼잎을 피워 물고 킥킥거리고 있었다. 그 시절에 사방이 대마초가 널려 있는데, 철부지들이 그것을 담배 대용으로 피웠으니 위험천만한 일이었다. 일종의 마약인데, 정신적으로 혼탁해지면서 몸과 마음이 병들어 가는 것도 잊고 청운의 꿈마저 저버리고 폐인이 되는 길인데….

삼대 껍질을 홀랑 벗기면 하얀 겨릅대와 비어 있는 속을 볼 수 있다. 겨릅대는 초가삼간 지을 때 지붕과 흙벽 속의 뼈대가 된다. 사시사철 온도와 습도를 알맞게 조절을 해준다. 겨릅대가 아이들 놀이기구인 활촉과 잠자리, 매미채가 되었다. 대쪽을 휘어 타원형 모양이 된 것에 거미줄을 걷어서 만들어 놀던 때가 어제 같다. 텃밭에 울타리와 농사일 하면서 잠시 휴식처로 움집이 되어주고, 또 땔감과 야간에 불을 밝히는 데 횃불이 되었다.

지금도 그 푸른 삼밭이 눈에 삼삼하다. 대마초는 마약 성분만 없다면 참 좋은 키 큰 풀이었다. 싱싱하고 빽빽한 초록의 좋은 동산이 될 수 있는데, 마약 성분 때문에 가까이 함께할 수 없다. 한편 인체에 해를 주는 식물이라 법으로 통제하니 다행이다. 지난 반세기 전에 대마초의 잎이 인체에 끼치는 마약 영향은 양귀비에 비해 뒤늦게 발견되었다. 농촌에서 재배한 대마초에 관리 소홀로 알게 모르게 피해가 있었을 것으로 짐작이 간다. 대마초는 여러모로 필요한 식물이다. 일부 지역에서 관리 아래 집단 재배하고 있다.

조모님은 목화밭의 길쌈을 하시고 외조모님은 삼밭의 길쌈을 하셨을 거라고 생각한다. 나 세상에 나오기 전에 친할머니 고향은 섬진강 주변이었다. 그곳에는 목화를 재배하는 곳이 많았다. 조모님께서는 조부의 고향에서 전염병으로 돌아가셨다. 할머니들 사진도 없어 꿈에도 볼 수 없다. 삼베와 무명베 짜는 베틀에서 일하시는 예쁜 할머니 두 얼굴이 환하게 그려진다.

바람이 오는 날

호국영령 합동 추모제날이다. 6월이면 현충일 군경묘지 참배로부터 시작한 행사에서 6 · 25기념행사 및 지역사회와 함께 추모행사와 봉사활동, 유공자 오찬행사를 하고 있다. 그때마다 나는 아내와 승용차로 늦지 않은 시간에 보훈회관 입구에서 돌아서야 했다. 회관 주변도로가에 임시주차가 허용되어 주차했다. 회관 홀에서 오래전부터 맺어온 회원과 반갑게 인사하고 곁에 앉았다. 식전에 회원들이 반가운 대화들을 하고 있었다. 그동안 살아오면서 아버지 없는 서러움과 가난에 찌들어 기도 펴지 못하고 살아왔다.

부친의 빈자리가 커서 자식만은 외롭게 하지 않으려고 그동안 열심히 자식들 뒷바라지들을 하였다. 자식들이 장성하여 이렇다 하는 직장과 자영업으로 경제적 여유를 누린다고 귀띔한다. 푸짐한 자랑들을 이구동성으로 한다. 입이 닳도록 자랑하고픈 욕구에 숨 쉴 틈도 없이 말을 하는 회원들이 있다. 아직도 자유롭지 못하고 어려운 회원들도 있다.

하느님께서는 공평하시다고 한다. 살아오면서 보면 공평한 것 같다. 저마다 타고난 재능이 있기 때문이다. 나는 세상에 태어나서 농업에 종사하면서 살아가는 것이 행복해 보였다. 자연을 사랑하고 큰 욕심 없이 이웃과 함께 하면서 오순도순 흙과 함께하는 삶이 좋아 보였다.

내 곁에서 말쑥한 옷차림의 노신사가 있다. 체구가 균형이 잡혀있다. 그는 살며시 손목을 내밀면서 아들 내외가 휴가 차 일본을 다녀오면서 며느리가 선물로 사온 고급시계를 보여줬다. 나도 선물로 받은 손목시계에 대해 이야기를 했다. 고급시계는 아니지만 얇고 가벼워서 오래 사용하다 보니 고장이 난 것을 부속을 갈아 끼워서 지금도 차고 있다고 했다. 그와 담소 중에 조상을 잘 섬기고 있어 가내가 평탄하고 자손들이 잘되고 있다고 과찬을 했다.

한반도에서의 70년 이상 전쟁이 없이 남북 간 휴전상태에서 우리나라는 경제성장 도약을 하여 선진대열의 대한민국이 되었다. 그동안 북한의 도발 행위와 이산가족 상봉, 개성공단 열기, 금강산 관광 육로개방 등 한편 화해 무드가 이루어지고 있었다.

그 틈을 타고 비핵화 운운하면서 뒤로는 핵무기 개발로 통일은 요원해지고 있다. 북한의 비핵화란 있을 수 없는 일로 되어 가고 있다. 비핵화를 하게 하려고 가진 노력을 다하고 있지만, 미국의 분석이 결국 정확하게 그들의 의도를 읽고 있었다.

늘 6월이면 푸른 잎들은 배부르게 먹고 살이 찌고 있는데 지난날 아픈 상처는 팔순이 가까워도 '상기하자 6 · 25'다. 지난날 참상은 잊고 남은 시간을 참하게 보내야겠다.

유튜브를 보면 우리의 첨단 무기를 알뜰하게 소개하고 있다. 그것을 보면 신바람이 난다. 잠수함, 미사일, 장갑차, 무인비행기, 첨단 전투 6세대 무서운 레이저 무기 등을 보고 가슴 뿌듯해진다. 날이 갈수록 첨단화되면 자주국방으로 주변 국가들이 독도 문제와 바닷속의 지하자원에까지 시비를 걸지 않을 것으로 생각된다. 서해의 중국 배들이 우리의 수역에 난입하여 저인망으로 싹쓸이

하지 못할 것이며 일본도 중국도 러시아도 우리의 영공과 해상 침범을 하지 못할 것이다.

아직 봄 안개가

실내 공기가 훈훈해지고 있다. 반달 만에 얼굴을 보면서 반갑기도 하면서 서먹서먹한 기분이었다. 대선 후 마음들이 아직 반가움과 서운함이 안개처럼 걷히지 않아서일까. 앞날의 삶에 어떤 변화가 있을지 불안과 희망에 대한 이해利害에서 오는 마음이 아닐까 자문해 본다.

새 학기를 맞이하여 앞에 서서 인사말을 했다. 소개 시간이 길어지면서 내 차례가 돌아오면 간단하게 무엇을 말해야 할지 마음이 소용돌이치기 시작한다. 지극히 소심한 나는 남 앞에만 서면 할 말을 잊고 엉뚱한 말을 하게 된다. 그야말로 체면을 구기는 일이 된다. 흥분된 마음으로 같은 말을 반복하고 무슨 말을 했는지도 까맣게 잊고 자리에 앉았다.

나는 어리바리한 태도로 앉아서 시간을 보내고 있었다. 휴식 시간에 앞자리 문우에게 정확히 알지 못한 '군항도' 쓴 작가를 묻는데 모른다고 한다. 나는 의아게 여겼다. 언제나 자연스럽게 정확하게 다방면으로 알려주는 명석한 문우인데, 나의 태도가 너무나 엉뚱하여 그러나 기분이 씁쓸했다. 그는 나의 마음을 헤아리고 있다.

나의 대화가 분명하지 않은데도, 짐작하고 다정하게 알려준다. 어디서 티브이에서 보고 들은 것도 기억 못 하고 군함도(일본의 섬)를 '군항도' 라고 하니 어느 항구를 말하는지 모르는 게 당연한 것을, 나의 교양이 부족하다고 해야 마땅하다. 추사 김정희의 〈세한도〉를 두고 그리 헤매고 있었다. 겨울철 강가에서 설날 무렵 뱃사공과 주변 환경에 사연이 묻어나는 〈세한도〉가 내용은 푸른 하늘에 얼음 조각 떨어져 떠나가듯 조각들은 기억이 나지만 제목과 작가 이름이 금방 듣고도 구름처럼 사라진다.

함께하는 문우와 만나는 즐거움에 한 해가 금방이 지났다. 오 년을 함께 지내면서 이해하고 배려하는 마음에 기댈 수 있었다. 동창과 친구들은 낙엽처럼 하나하나 이승을 떠나고 있다.

봄비가 주룩주룩 내려서 산불이 완전히 잡히고, 산림자원이 복원되도록 노력하고 다시는 소실되지 않도록 감시를 잘해야겠다. 얼른 오미크론이 사라지고, 유럽의 우크라이나와 러시아가 휴전하기를 간절히 바란다. 안개가 걷히고 희망찬 봄맞이를 하고 싶다.

청잣빛 쑥향

쑥떡을 사기 위해서 집을 나섰다. 성당 미사 후에 쑥떡을 판매한다는 소식을 들었다. 미사가 끝나는 시각보다 일찍 도착하여 기다려서 샀다. 아내가 말한 만큼 종이가방에 담아서 집에 가는 길에 그때 생각이 났다.

아내가 지난번에 중앙시장 안길에서 팔고 있는 쑥떡을 사서 체면도 아랑곳없이 먹던 모습이다. 집에 오자마자 곧장 아내에게 떡을 내밀었다. 아내는 그동안 쑥떡이 먹고 싶었는데 마치 기다리고 있었다는 듯이 좋아하면서 그 자리에서 두 개를 뚝딱 게눈 감추듯이 먹었다.

초록빛이 가득한 오월이면 길가 잡초 사이에 훌쩍 자라난 쑥이 자리 잡는다. 그 쑥을 집에 가는 길에 뜯어 갔더니 아내가 살림꾼이 다 되었다고 한다. 쑥을 물에 씻어서 양파 망에 성기게 담아서 못에 걸어놓았다. 방에서 풍기는 메줏덩어리 뜬내를 희석하는 데 조금이나 도움이 되라고 한 것이다. "아유! 향기 참 좋다." 아내는 쑥 향기가 거실까지 풍긴다면서 만족스러워했다. 나는 비염 때문에 아내가 말한 쑥 향을 맡고 싶어도 맡지 못했다. 쑥을 엄지와 검지로 비벼서 코에 대고 나서야 다소 쑥 냄새를 맡을 수 있었다. 아내가 쑥떡 갈증에서 벗어났고 생 쑥의 향기에 흐뭇해 하는 것을 볼 수 있어 좋았다.

아내는 어제 아침부터 머리가 아프고, 어지럼증에 구토증으로 고통스러워했다. 보기에 딱했다. 아무래도 진통제와 여러 가지 약 복용에서 오는 부작용 같다고 하며 약 복용을 늦춰 보자고 했다.

아내는 몹시 불안해했다. "내가 왜 이러지. 꼭 아이 가진 사람처럼 입덧 난 것 같이 느닷없이 추어탕이 먹고 싶다가 선지가 먹고 싶고 쑥떡도 생각나고 살다 살다 이런 일이, 별 일야!" 아내는 어두운 얼굴로 왜 이런지 알 수 없다면서 하소연을 했다.

아내가 오 년 전 골수염으로 입원했을 때 함께 입원했던 환자의 경험담을 들었다. 수술할 때 마취 후유증으로 간헐적으로 두통에 어지럽고 구토증상이 있다는 말을 했던 것을 아내에게 상기시켰다. 수술할 때 출혈로 빈혈과 부족한 영양에서 오는 복합적인 증상일 거라면서 마음을 편하게 하라고 했다.

큰아들이 점심 대접한다고 하여 따라나섰다. 함열까지 가서 선짓국에 비빔밥을 먹었다. 식사 후 선짓국까지 포장하여 가져왔다. 아내에게 여러 가지 음식이 먹고 싶다는 것은 몸에서 그 영양분을 보충해 달라는 신호라면서 적당하게 천천히 먹으라고 했다. 건강이 회복되고 있다는 알림이라고 말했다. 아내는 이상하게 쑥떡을 먹으면 속이 편하면서 변비도 없어지고, 입맛도 당기고 비위 상한 것도 빈혈도 심하지 않다고 한다.

나는 ≪풀 향기 어머니≫란 수필집을 냈다. 그 책에 〈쑥 향〉이란 글이 있다.

“쑥개떡을 만들어 먹을 때는 그게 바지락, 꼬막을 먹을 때 간혹 지금지금거리는 것처럼 거칠지만 그냥 꿀꺽 넘겨버린다. 쑥떡을 먹을 때는 우물우물하다가 삼키면 그만이다. 살면서 배고픈 서러움이 제일 크다고 한다. 구절양장이란 말이 있다. 한세상 살아가는데 양의 창자처럼 이리저리 꼬부라지고 험한 산길 같다고 한다. 살아온 세월이 굽이굽이 험한 길임이 틀리지 않는다. 내가 무밥과 거친 쑥떡을 끼니로 할 때 소화시간이 다름과 같이 내 삶도 쑥을 닮았다. 멥쌀의 거칠거칠한 쑥떡보다는 찰진 떡 맛이 그만인데….”

아들이 한참 예민한 사춘기 때와 청년 때 친구 대하듯이 다정다감하게 대하지 못했다. 그 시기에 아이들 마음에 불안을 안겨 줄 때가 많았다. 그런데도 불구하고 지금 보면 나름대로 바르게 자리 잡고 있다. 이를 두고 보면, 부모가 너무 자식에 대해 무관심해도 안 되지만, 지나친 간섭은 안 해야 한다. 아이들 스스로 자기 길을 찾아가도록 바른 방향만 가게 바라봐 줄 일이다.

성당에서 가져온 떡은 아직도 어머니의 가슴처럼 따뜻하다. 거기에서 어머니의 향긋한 냄새가 난다. 그 빛깔은 끝없는 사랑의 청잣빛이다.

뻥

빨강 신호등이다. 새벽에는 조용하던 도로가 귀청을 놀라게 하고 달리는 이른 아침 출근길 차들의 소리로 시끄럽다. 아직 피로가 덜 풀린 샐러리맨 하소연처럼 들린다. 눈은 정신을 차리고 앞을 주시하고 있다. 귀만 하릴없이 조심스럽게 침묵을 지키며 엔진 소리에 귀를 세운다.

초록신호등이 켜지는 것을 흘깃흘깃 바라보면서 기다리는 시간이 하늘에서 별을 따올 정도로 길게 느껴졌다. 그 새를 참지 못하고 따가운 아침 해를 피하여 그늘을 찾았다. 그늘이라고 겨우 얼굴을 가릴 정도의 얄궂은 전봇대다. 전봇대 주변에는 시멘트와 타일로 덮여 맨땅을 볼 수 없었다.

그 좁은 틈 사이에 뽕나무 한 그루가 하늘을 향해 푸른 잎들을 앞세우고 살려 달라고 아우성을 치고 있다. 나는 큰 대륙을 발견한 탐험가나 된 것처럼 은근히 잘난체하면서 뽕나무를 향해서 손을 내밀었다. 뽕나무는 잡기 싫은 손을 억지로 잡고 미소를 짓고 있는 것 같다. 그 나무가 나를 위해 배려하는 것인가 아니면 내가 강자이기 때문에 손을 내민 것인가.

침묵을 지키고 있는 뽕나무를 성가시게 한 것은 나다. 나는 그 나무가 가엽고 걱정이 된다. 머지않아서 예초기로 싹둑 잘릴 것이라는 생각이 든다. 그곳은 뽕나무가 있을 자리가 아니다. 하지만 또 그곳에서 뽕나무는 다시 나올 것이다. 뿌리가 있기 때문이다.

어떻게 그곳에 뽕나무가 자랄 수가 있는가. 새 똥에서 씨앗이 나왔을까. 아니면 떨어진 오디 열매에서 싹이 났을까. 쥐똥나무 열매가 땅에 떨어지면 싹이 잘 나기를 바랐다. 그 나무는 사시사철 좋은 나무다. 봄에는 연록 잎이 꽃처럼 아름답다. 그 꽃은 눈길을 끌지 않지만 꽃의 향기와 녹음이 그만이다. 겨울에는 하얀 꽃눈이 일품이었다. 그렇지만 도심에서 뽕나무가 자라서 그늘을 드리우는 일은 생각지도 못 했다.

그 뽕나무가 자라서 오디가 열리고 그늘을 만들고, 노인들이 그 아래에서 옛 추억을 더듬는다면 좋겠다. 하지만 그럴 일은 없다. 누에가 자라면서 뽕잎을 순식간에 먹어 치우면, 뽕잎을 따다 먹이는 사람들은 쉴 틈이 없었다. 누에가 자라면서 한창 뽕을 먹을 때 마치 소나기 소리가 났다.

쥐똥나무는 열매가 쥐똥 닮아 있다고 하여 이름이 그리되었다고 한다. 뽕나무라는 이름이 왜 뽕나무인지 모른다. 유치원에서 나무 이름 알아보기에서 재미있게 꾸민 이야기로 오디 먹고 소화가 잘 되어 방구를 뽕뽕하여 뽕나무라고 하지만 그냥 그러려니 하고 있다. 쌩뚱맞은 곳에 자리 잡은 뽕나무를 보고 새삼스럽게 생명에 대한 신비와 경외감을 느낀다.

화면 속의 우화寓話

나는 피로감을 느낄 때 텔레비전을 본다. 아이들처럼 만화와 연속극을 잘 본다. 좋아하는 만화는 〈명탐정 코난〉이다. 요즘은 드라마 〈이상한 변호사 우영우〉를 시청하고 있다. 드라마 속 대화와 동작이 인상적이다. 우영우 변호사가 주인공이다. 그는 딱딱한 법률용어를 논리적으로 꼭 집어내어서 익살스러운 모션으로 유머러스하게 표현한다. 해학적인 언어와 행동으로 흥미를 돋우는 데 긴장감을 갖게 한다. 시청자들 구미에 맞는 드라마다.

나는 사건을 일으키고 교묘하게 빠져나가려는 범인을 직감적으로 예측하는 데 거의 과녁 맞추듯 했다. 혹시 경찰이셨던 부친의 직업과 연관이 있나 싶을 정도였다. 하지만 그것과는 별 상관이 없는 일이다. 나는 추리능력은 별로지만, 작가가 언제나 아슬아슬하게 빠져나갈 통로를 미리 볼 수 있었다. 만화는 언제나 정의가 승리하고, 악은 패배로 결말이 난다.

이상한 변호사는 현실과 동떨어진 진기한 인물로 크로스오버하여 색다른 연출에 묘미가 있었다. 자폐 장애 변호사의 천재적 기억력과 암기력이 흥미를 북돋워 주었다.

우영우 부모는 젊었을 때 뜨거운 사랑에 빠져 선을 넘었다. 넘어버린 선이 갈등으로 변했다. 우영우 부친은 국내 최고의 명문대학교 법학과를 우수한 성적으로 졸업하고 은둔자가 되었다. 모친은 유명 재단 명문가의 품위를 저버릴 수 없어서 가난한 농촌의 청년과의 사랑보다는 명망을 따라갔다.

우영우 부친은 명예도, 권력도 저버리고 아이를 출산하여 보호할 것을 결심했다. 우영우 친모는 대재벌 집안에 누가 되지 않게 태아를 유산 시키려고 하였다. 헤어지는 조건으로 아이를 극비에 낳아주기로 하였다. 아빠는 구석지고 동떨어진 시골에서 은둔 생활을 하면서 아이를 키웠다. 아이는 엄마 없이 자랐다. 엄마가 보고 싶어도 엄청난 남방큰돌고래 이야기책을 읽으며 외로움을 달래면서 자랐다. 돌고래의 모성에 대하여 관심이 많았다. 그 돌고래처럼 어머니 사랑을 갈망하면서 착한 심성을 키웠다.

엄마는 매정하게 떠났지만 아버지의 지극한 사랑을 받으며 자랐다. 여자아이가 처녀가 될 때까지 엄마는 아이를 찾지 않았다. 출생의 비밀을 알게 된 변호사 우영우가 로펌 대표 자리에 있는 엄마와 당황하지 않고 침착하게 대면한다. 엄마는 자식에 대한 애틋한 사랑이 복받쳐 울먹이는 표정이었다. 우영우는 감정에 치우치지 않고 아빠하고 함께한다는 의사 표현을 하고 자리에서 먼저 일어나 인사를 하고 쓸쓸하게 걸어 나온다.

사내에서 서로 시기 질투하면서 갈등을 겪는다. 낙하산 인사로 부정 채용이라고 하여 논란이 되었다. 서울대학교 일등으로 들어가 우수한 성적으로 졸업하여 자폐 장애로 선입견 때문에 곤욕을 당했다. 우영우는 신의 한 수로 깔끔한 판결을 한다. 공정과 정의 실현이었다. 천칭 같은 판결이었다. 우영우의 날카로운 천재성에 함몰되지 않게 인간의 존엄성을 지켜낸다.

아직 진행 중인 연속극이 외국에서 인기가 대단하다고 한다. 중국에서 무단으로 방영하고 있다고 한다. 앞으로 전개될 내용은 알 수 없다. 아직 진행 중인 이야기를 기다려야 한다.

동산에 나무 한 그루가 마을을 내려다보고 있다. 마을의 수호신인 당산나무다. 그 나무가 팽나무다. 팽나무는 천연기념물로 보호수다. 뿌리가 깊고 넓어 튼튼한 줄기와 가지들이 원형을 이루고 잎들이 반질반질 윤기가 흐르고 있었다. 세상 풍파를 견디고 잘 자란 우영우 변호사가 팽나무 같다.

생명의 본능

생명은 그 자체로 신비다. 습기를 찾아 날아든 감자 날벌레가 겨우 찾아온 곳이 어두운 화장실이었다. 그 벌레는 어둠과 함께 날개를 접고 벽에 있다가 밝은 불빛에 정신없이 좁은 공간에서 이리저리 난다. 녹두보다 작은 벌레가 오르락내리락하고 있다. 불빛이 반가워서도 아니고 두려워서도 아니고 본능적으로 산란 자리를 찾아온 것이다. 산란하기에 부적절하여 안절부절못하는 것 같이 보인다. 그 벌레도 자연 본능에 할 일을 찾지만 환경이 여의치 않아 저러다가 말라서 먼지가 될 것이다.

날벌레가 서식지를 맞게 찾았다. 하지만 수세식이란 것에 날벌레의 바람은 허사가 되었다. 다시 감자 썩어가는 곳에 산란할 수밖에 없다. 감자 날벌레가 온 실내를 날아다니고 있다. 아내는 보이는 대로 때려잡고 있다. 그 감자도 건조하고 서늘한 곳에 저장되어야 씨감자가 된다.

남쪽 하늘의 태양 열기와 에어컨 환풍기 열기까지 더하여 견디지 못한 감자는 싹과 함께 부패하면서 악취가 나고 구더기가 날벌레가 되어 날아다니고 있다.

사돈이 농사지은 감자를 아껴서 먹는다는 것이 썩게 했다. 채소값이 하루가 멀다고 오르고 있어 잘 보관한다는 것이 그만 쓸모없는 감자가 되었다. 부패한 감자를 음식물 쓰레기통에 버리는데 씁쓸했다. 그냥 이웃과 나눠 먹었더라면 좋았으련만, 아낀 것이 낭패가 되었다. 나는 다른 사람이 볼까 봐 주변을 살피면서 버렸다.

어릴 적에 된장에 구더기가 있으면 혐오감에 된장국 먹기가 찜찜하여 먹지 않았다. 할머니는 그리 비위가 약하여 어찌하나, 하셨다. 알고 보면 끓여서 아무렇지 않다. 된장은 발효식품으로 건강에 좋은 것이다. 그것은 많이 쌓아 두었다가 부패한 것과는 다르다.

냉장고에 가득 채우기보다는 공간을 남겨야 하는데 아직도 아내는 더 이상 들어가지 못하게 채우고 있다. 얼어있는 식자재를 요리한들 맛깔스럽다기보다 아까워서 억지로 먹는 경우가 왕왕 있다. 그뿐이 아니다. 텔레비전 홈쇼핑 광고를 보고 물건을 주문하는 게 습관이 되어서 과잉 구매를 한다. 마을 장터와 마트에서 오이, 호박, 대파 등을 사다 놓고 둔 곳을 잊고 있다가 나중에 눈에 띄면 버린다. 결국 덤까지 받아오고도 그마저 주체 못하고 버리니 과잉 구매도 나이 든 사람의 취미생활인가 싶다.

적게 사서 금방 먹고 비싸면 비싼 대로 이용하면 되는데 아내는 많이 있어야 안심이 되는 것 같다. 궁색했던 지난 시절에 대한 한풀이라도 하는 것 같다. 습관이란 쉽게 고쳐지지 않는 것을 어찌하랴. 그냥 모른 체 넘어가고 있다.

생명은 신비해서 자생할 틈만 있으면 목숨을 이어간다. 욕심 부리는 인간이 잘못이지 감자 날벌레가 생겨나 살려고 안간힘을 쓰는 것은 자연의 섭리다.

4부

맹물의 향기

벤치의 향수

매일 아침 까치는 인사를 한다. 온다는 손님 소식도 없다. 까치 소리가 나면 은근히 좋은 소식이 기다려진다. 좋은 소식이나 반가운 분이 오는 것을 알려 준다며 옛사람들은 까치를 길조로 여겼다.

까치는 조심성이 많아 다소곳하게 있지 않고 뒤뚱뒤뚱, 폴짝폴짝, 포르르 날아 생가지에 앉았다. 바람도 없이 잠든 나뭇가지가 출렁거린다. 전봇대 꼭대기에서 "깍깍 까르르" 갸웃거리며 날카롭게 나를 쏘아보고 있었다. 까치가 일방적으로 사람과 거리를 두려고 한다. 수확을 앞둔 옥수수와 열매채소를 주인 허락도 없이 상처를 내놓고 있었다. 밭 주인은 까치만 보면 과감하게 쫓았다. 좋은 소식을 전해 주는 것은 고사하고 농사를 망쳐 놓으니 사람과 까치 사이가 예전같지 않다.

흙바닥 길을 검은 아스콘으로 깔아뭉개어 숨통을 조여 놓았다. 그 길 가운데에서 비둘기 짝이 부스러기 하나를 놓고 먹겠다고 부리로 찍어 당긴다. 이리저리 해봐도 목으로 넘길 것이 아니란 것을 알고 그제서야 포기한다. 아기 손톱만 한 비닐 조각을 가지고 실랑이하고 있었다.

그때 산간벽지 사백오십여 미터 고원의 새벽은 추웠다. 먼동이 트기 시작하면 어둠이 가시고 주변의 물체가 희미하게 보일 정도였다. 나는 새벽마다 걷기 운동을 매일 하였다. 공터의 트랙 안쪽에서 까치 서너 마리가 울고 있었다. 가까이 가서 보니까 한 마리가 힘겹게 퍼덕이며 일어서 보려고 하였다. 까치들은 내가 가까이 가도 날아갈 생각을 하지 않고 울기만 했다. 나는 행여 방해될까 봐 무심하게 트랙 돌기를 하고 그곳을 떠났다.

시간이 좀 지난 뒤 그곳을 다시 찾아가 봤다. 까치들은 나무 위에서 울고 있고 땅바닥에는 까치 한 마리가 죽어 있었다. 다시 집으로 가서 괭이를 들고 왔다. 까치를 파묻으려고 땅을 파는데 단단한 데다가 송근까지 있어서 가까스로 파고 묻었다. 까치들이 슬피울면서 안타까워하는 것을 보고 간과할 수 없었다. 죽은 까치를 그냥 방치하면 보기에 민망해서였다. 오래전 일이 지금도 생각난다.

나는 아내하고 산책을 했다. 경사가 가파른 아스팔트길을 함께 가다가 정수장 놀이터 벤치에 앉았다. 아내는 나무 향에 매혹되었다. 몸이 한결 가벼워진 것 같다고 한다. 나는 사철 푸른 측백나무 향기를 아내처럼 예민하게 맡을 수가 없다. 아내의 말을 듣고 향나무 새 날개 같은 잎을 조금 떼어 그것도 비벼서 냄새를 겨우 맡을 수 있었다. 향불을 피울 때 그 냄새였다. 아내는 맑은 공기를 마시며 일광욕에 걷기 운동까지 오랜만에 하니 이렇게 좋을 수가 없다고 한다. 서산의 해는 한 뼘 정도 걸려있다. 남서쪽 하늘에 햇볕에 반사되어 여객기가 남쪽으로 비행하고 있었다, 괌에서 하늘을 바라보면서 아내와 벤치에 앉아서 모국 하늘을 그리워했던 생각이 났다.

이국땅 남태평양 섬에서 바라본 밤하늘에 별빛이 유난히도 반짝거리고 있었다. 그것은 별이 아니고 모국으로 가는 비행기일 거라는 생각을 했다. 남십자성이었다. 깜깜한 남태평양의 밤바람에 흔들리는 야자수 사이로 본 별이 깜박깜박했다. 하늘빛이 없는 하늘에 여객기 한 대가 시야에서 사라질 때까지 응시하고 있었다. 별빛만 머리 위에 희미하게 보일 듯 말 듯 깜박거렸다.

그곳은 낮 동안에는 바다와 하늘이 닮아 있었다. 매일 두세 번 비가 왔다. 밀려온 물결이 하얀 거품으로 왔다 사라졌다. 우리도 머지않아 물거품처럼 고생만 하고 갈 거라고 아내는 한탄했지만 아름다운 세상에서 아름다운 마음으로 여생을 보내자고 했다.

지하는 생명수인 정수장이고 위에는 아이들이 운동하는 곳이다. 주변에 울창한 나무들 덕에 새들의 즐거운 노래를 들으면서 아내와 지난날을 이야기했다.

시월에

시월이면 새벽꿈이 깊다. 희미한 가로등 불빛 따라 고요한 마을을 벗어나 한길에 발길을 옮기고 있었다. 아직도 먹빛 냉기가 가로등 불빛을 감싸고 있다. 달리는 차량의 빛과 소음이 눈과 귀를 괴롭게 했다. 정처 없이 걷다 보니 주변의 가로등 불빛이 사라지면서 회색빛 어둠이 시야를 가렸다. 눈이 밝아지고 먼동도 트고 있었다. 동녘 산봉우리에 잠시 쉬는 솜구름이 연분홍빛으로 물들어간다. 중천에 떠 있는 달이 손톱 조각만 하다. 낮에 나온 달 닮은 여객기도 소리 없이 거리를 두고 세 대가 날아가는 것을 멍하니 바라보고 있었다. 아침에 떠오르는 해는 유난히 밝게 빛난다. 그 빛을 받고 활기를 찾는 산야가 아름다웠다. 푸른 하늘과 초록 들판이 주는 시원함이 언제나 변함이 없다. 길가에 참새들이 모둠발로 가볍게 폴짝폴짝 뛰다가 날쌔게 뛰어오르며 행여 떨어질세라 작은 날개를 파닥이며 떨고 있다. 그새를 진득하지 못하고 짹짹거리며 이쪽 가지에서 저쪽 가지로 폴폴 나대며 부리로 꼭꼭 찍고 있다. 까치도 질세라 가볍게 갸우뚱갸우뚱 걷다가 "쩍쩍" "깍깍" 주고받으면서 모둠발로 뛰다가 두 발로 밀어 날아 나뭇가지에 앉는다. 능청스럽게 꽁지를 까딱까딱 보란 듯이 고개까지 갸웃갸웃하면서 내려다본다.

한길에 호박덩굴과 환삼덩굴이 경쟁하듯이 순을 내밀고 있다. 무심히 지나는 사람이 넝쿨을 짓밟아 놓은 것을 보면 보기에 흉했다. 같은 순일지라도 호박순일 때는 '이런' 안타까운 소리가 난다. 넝쿨식물 순이 길가에 나오면 그 순 머리 방향을 밭 쪽으로 돌려놓고 가던 길을 걸었다. 넝쿨 식물들은 번식력이 대단하다. 주로 담쟁이, 칡, 호박, 오이, 등나무, 환삼덩굴 등이 있다. 늘 거부감을 갖게 하는 것은 칡덩굴과 환삼덩굴이다. 이 식물들은 욕심이 도가 지나칠 정도로 세력을 넓히면서 다른 식물을 힘들게 한다. 언제나 칡과 환삼덩굴은 윤기가 나면서 활기찬 모습이 얄밉다.

왕성하기만 한 넝쿨식물들은 묘하게도 첫 된서리에 맥없이 까무러치고 만다. 그 잎들은 데치듯이 푸른빛은 사라지고 쭉 늘어져 있다. 오로지 칡덩굴과 환삼덩굴만은 그리된 것이 속이 시원하면서도 갈색으로 쭈그러지면서 앙상한 줄기가 드러날 때는 늙어가는 나의 모습이 그려진다.

호박덩굴과 환삼덩굴은 까끌까끌한 털이 있다. 환삼덩굴을 앞으로 끌어당기듯이 훑어낼 때는 가시털이 곤두선다. 환삼덩굴을 걷어낼 때 장갑을 끼고 해야지, 맨손으로 하면 손바닥이 긁히면서 빨강 핏자국이 난다.

호박 덩굴은 삶을 다할 때까지 호박을 내어주고, 호박잎을 내어준다. 서리 오기 전에 연한 덩굴 순과 미처 자라지 못한 호박을 갈무리해서 호박대국을 끓이면 별미다. 서리가 내리면 호박 덩굴도 미련 없이 거름으로 돌아간다.

환삼덩굴은 주변에 흔하게 볼 수 있어 대접받지 못한 식물로 밭주인은 서리가 오기도 전에 제초제로 고사시킨다. 환삼덩굴 같은 잡풀 삶을 살아가는 사람이 있는가 하면 호박 덩굴 같은 삶을 살아가는 사람도 있다.

나는 두 삶을 살아왔다. 소년 시절이 아주 고달팠다. 그리 멀지 않은 산인데도 그때는 멀기만 했다. 노릇노릇한 어린 소나무를 낫으로 잘라서 다발로 묶어 동여맨 것을 지고 가는 일이었다. 산에서 나무해 오는 일이 정말 싫었다. 왜소하고 약한 체격에 솔가지를 힘들게 지고 산에서 내려올 때다. 마을에서 멀지 않은 곳에서부터 마음 졸이며 이리저리 살피면서 내려가야 한다. 만약에 산림감시원에 붙들리면 호되게 손찌검을 당한다는 말에 들키지 않으려고 마음 죄는 일이 죽을 맛이었다.

그마저 힘이 들어 힘에 맞게 가져오면 적다고 타박을 들어야 했다. 그때마다 돌아올 수 없는 부모님을 원망했다. 세상이 싫었다. 걸림돌이 되는 것에 미워지면서 내가 크면 분풀이를 해야겠다고 생각했다. 지금도 세상에서 가장 행복한 때가 무거운 솔가지를 내려놓고 잠깐 쉬면서 흐르는 땀을 바람에 맡기고 졸음에 빠져 있을 때였다. 솔가지 걸머지고 양어깨가 빠지게 아파도 견디며 터벅터벅 가다가 쉬면서 공상의 날개를 펼치면 고달픔도 잊을 수가 있었다.

사는 동안 남을 위해 무엇을 했는지 이 가을에 되돌아본다. 내 아픔에만 빠져 있느라 옆 사람 볼 여유가 없었다. 마냥 고개가 숙여진다. 가을이 깊어가는 시월에 환삼덩굴보다는 호박 덩굴 같은 이웃이 되기를 바라본다.

맹물의 향기

"이게 무슨 냄새야!" 아내가 승용차 문을 열면서 대뜸 하는 말이다. 된장국 냄새도 아니고, 비릿한 것이 상한 생선 냄새 같다고 한다. "이 냄새 멸치 비린내 아니야?" 나도 한마디 거들었다. 아내는 유독 후각에 예민하다. 아내는 "어제 시골 갈 때 이런 냄새가 나지 않았는데…." 영문을 몰라 하면 언짢아하는 표정이다.

아내와 나는 입소문을 듣고 시골 의원을 찾아가기 위해서 새벽부터 나섰다. 아내의 기분 전환을 위해서 창문을 열려는 순간, 아내가 시내를 벗어나서 열자고 한다. 마음을 짓누르는 냄새라는 걱정이 하나 더 늘어 승차할 때마다 아내의 군말을 들어야 할 처지다. 달리는 차창 밖 비탈길 좌우로 짙푸른 녹음이 풍성하게 펼쳐지고 있다.

창문을 열었다. 상쾌한 바람이 차 안을 휩쌌다. 아내는 심란한 마음이 조금은 누그러진 것 같다. 냄새가 나는 곳이 궁금한지, 아내가 안전한 곳에 주차하고 살펴보라고 한다. 도로 주변 음식점 앞마당에 주차하고 차 안을 샅샅이 살펴봤다. 바닥은 검정 깔판만 보였다. 귀신 곡할 노릇이다.

목적지에 도착해서도 풀리지 않은 냄새에 대한 찜찜한 기분을 지니고서 치료를 받았다. 오는 길에 차 문을 열고 냄새야 제발 나가라고 마음속으로 빌면서 돌아왔다. 주차하고 차 창문을 2cm 정도 모두 열고 그 틈으로 공기가 통하게 하였다.

오늘도 승용차로 아내와 동행하는 날이다. 아내는 퇴행성관절염으로 시내버스를 오르고 내리는 데 불편하여 내가 도와주고 있다. 아내는 미안한 마음에서인지, "코로나19 바이러스로 작은 모임을 자제해 달란 문자도 자주 뜨고 있는데, 좀 미루면 어디 덧나!" 말꼬리를 흐리듯 하면서 계모임에 가는 것을 불편해했다.

아내의 모임 장소에서 가까운 빈 곳에 주차하고 지루한 시간을 보내기도 멋쩍어서 휴대폰을 보고 있었다. 한여름 땡볕이다. 승용차 문을 활짝 모두 열어 놓고 고약한 냄새 보내기를 하면서 차 안 구석구석 살피기 시작했다. 운전석 옆 좌석 의자를 뒤로 밀치고 밑을 들여다보았다. 거기에 새까만 뱀이 똬리를 틀고 죽어 있는 것처럼 보이는 것이 있었다. 소름이 돋으며 끔찍한 느낌이 들었다.

'언제 뱀이 이곳에 들어와 저리 되었지?' 몸서리쳐지며 흉물스러운 것에 겁도 덜컥 난다. 다시 의자를 앞으로 이동 시켜 놓고 살펴보니 미꾸라지들이 고스란히 서로 몸을 대고 마른 멸치처럼 말라 있다. 거기서 짭조름한 비린내가 난다. 그것을 손으로 들어내려고 했지만, 바닥에 딱 달라붙어서 떨어지지 않아 짧은 나무막대기로 문질러서 거친 가루를 화단에 버렸다.

차 안 뒷좌석 밑에 둔 비닐봉지에서 미꾸라지가 죽어 냄새가 났던 것이다. 냄새를 잠재우려면 바람이 잘 통하게 하여 자연스럽게 사라지길 바랄 수밖에 없다. 세차장에 가면 어느 정도 냄새가 사라질 것 같은데, 혹 지인이라도 동승하면 냄새로 난처하게 될 것을 생각하면 난감하다.

아내와 나는 반절 이상의 미꾸라지가 의자 밑으로 사라진 것을 생각 못 하고 주는 사람의 고마운 마음에 널름 가져 온 것이다. 아내는 그 미꾸라지를 가지고 시래기만 듬뿍 넣고 추어탕을 끓였다. 나는 입에 대지 않았다. 나는 고통스럽게 죽어간 미꾸라지에 대하여 연민이 이는데, 아내는 그 미꾸라지는 토종이라면서 아까워했다. 그러면서도 그냥 살려줄 것을 괜히 힘들게 추어탕 끓인다고 애만 썼다고 했다.

나는 냄새와 향기가 상반된 것 같기도 하면서, 이웃사촌 같다는 생각이 든다. 기분 좋은 냄새만 있다고 우리의 삶에 좋은 것만은 아니란 것을 음미해 볼 수 있다. 이러하듯 사람도 저마다 냄새가 있다. 사람됨이 멋진 향기가 나는 사람이 있다. 멋진 향기란 '모습, 태도, 행동, 언어, 사고하는 경지'라고 말한 한갑수 한글학회장의 멋의 정의가 떠오른다.

맹물은 향기가 없다. 맹물은 늘 향기의 자리를 비우고, 그 자리에 다른 향기가 자리하도록 양보한다. 맹물의 향기는 사랑의 향기다. 아프리카 수단 이태석 신부에게서 맹물의 향기가 난다. 그 신부는 병원을 지어 한센병자를 돌봐주고, 학교를 세워 아이들을 가르쳤으며 전쟁 때문에 입은 청소년들이 마음의 상처를 음악으로 치료받고 희망을 갖게 했다. 맹물의 향기는 그처럼 순수한 사랑의 향기다.

참새 길

하늘이 곱다. 텅 빈 남빛 하늘에 해오라기 한 마리가 유유히 산등성이를 넘어가고 있다. 평화스러운 광경을 바라보면서 완만한 경사 따라 걸었다. 산책하는데, 마을 샛길을 지나면서 보니 전원주택은 하나둘 늘어나고 반면에 고택은 줄어들고 있다. 그 길에서 참새들의 귀여운 몸짓을 바라보고 다시 걷기를 했다. 이름만큼 사랑스럽고 작은 새다.

새들은 고택을 찾는다. 참새들의 고택 처마 밑이 보금자리다. 사람과 가까이 있으면서도 두려워하며 언제고 피할 태세를 하고 있다. 빈집들이 있어 새들의 세상이다. 자유스럽게 놀 새들의 놀이터와 먹이가 되는 벌레와 풀씨도 있다. 늘 보는 참새지만 참새가 메추리만 하다. 참새는 논밭에 제초와 살충제로 먹이가 적어지고, 모이도 찾아 먹기가 여의치 않아 몸이 작아진 것 아닐까. 산에는 숲이 울창하여 산새들이 살 만하지만 마을 가까운 곳에 있는 텃새들은 먹이가 충분하지 않을 것 같다.

지난날 보릿고개 시절에는 식량이 부족하여 사람들이 늘 허기를 채우기 힘들었다. 영양가가 없는 거친 음식을 먹다가 과식하는 때도 더러 있었다. 식생활이 불규칙해서 소화 장애가 많았다고 한다. 새들은 천지가 먹을 것이 널려 있었다. 집에는 돌확, 돌절구, 나무절구, 맷돌 등에서 땅에 흘린 것을 새들이 충분히 먹을 수 있었다. 농약 사용을 하지 않아서 채소밭에는 벌레들이 많았다. 겨울에도 집에서 수수, 옥수수, 콩, 밀 , 조 등으로 조리할 때 흘린 것을 쪼아 먹을 수가 있었다.

겨울철에는 살찐 참새 잡기를 하였다. 참새구이를 즐기는 계절이 겨울이었다. 주로 애주가들의 안주로 일품이라고 한다. 참새들이 늘 두려운 것이 돌멩이다. 돌팔매질을 잘하는 사람에 걸리면 여지없이 참새구이가 된다. 농민들은 논밭의 곡식에 해를 주는 참새 소탕에 한마음이었다. 어린 시절에 참새 덫으로 대바구니에 막대를 받쳐놓고, 노끈으로 묶은 다음 모이를 흩어 뿌리고 숨어 기다렸다. 참새들이 바구니 안에 들어가기만 하면 줄을 당겨 참새를 잡을 요량이었다. 참새는 얼씬도 하지 않았다. 참새가 사람보다 더 약아서 속임수에 응하지 않았다.

참새는 옛날부터 선비들의 화폭에 담는 귀엽고 아름다운 새로 여겨 왔다. 민화에 그려진 참새를 보면 정겨운 느낌이 살아나면서 시골에서 놀던 시절이 그리워진다.

"참새 앞정강이를 긁어 먹는다."라는 속담이 있다. 종아리는 뒤쪽의 살이 불룩한 곳과 앞정강이는 뼈만 있다. 하는 짓이 몹시 야박하고 무자비한 자를 지칭한 것 같다. 참새 그림을 보면 두 마리가 있는 것을 볼 수 있다. 참새 암수 구분하는 특징이 뚜렷하지 않으나 앞면 좌우 귓불 검은 깃털 점들이 넓을수록 몸이 크고 힘도 세다고 한다. 그게 참새 수컷이라고 한다. 참새 암컷이 그 반점 깃털을 보고 짝이 되어 달라고 애교를 부린다고 한다. 기상이변으로 생태계에 변화로 곤충과 식물이 사라지고 있다.

섣달 무한의 하늘에 가리멸치만 한 여객기 한 대가 소리 없이 유유히 은빛을 내며 가고 있다. 나는 포근한 햇빛을 받으면서 논을 끼고 걷고 있었다. 논에 앉아 모이를 찾아 쪼아대다가 나를 보고 참새떼가 날개 바람 소리를 내며 뒤엉키듯이 자유스럽게 한순간에 언덕바지 복숭아 가지에 앉아 "짹짹" 소란을 피운다. 대나무 숲이 온 동네 참새 집결지라도 되는지 요란한 소리를 내더니 내 발소리에 숨을 죽인다. 그 새들이 대나무 잎에 낯을 가리고 빠끔히 나를 보고 있는 것 같다. 보란 듯이 감나무 가지에 앉아서 까만 눈동자를 굴리고 있다. 감나무는 잎 하나 남김없이 빨강 감만 매달고 있다. 까만 가지에 빨강 꽃이 또렷하여 빛깔이 아름답다.

낮에 나온 달은 타향 땅에 와 있듯이 홀로지만, 대나무와 감나무가 있는 고샅길에 참새들은 동무들이 많아 부럽다. 참새는 갸웃갸웃거리며 재롱을 피운다. 오늘도 보고 내일도 참새를 볼 수 있는 길이 정겹다.

호박꽃

아침 해가 둥실 떴습니다. 넝쿨과 잎이 초록 윤기가 납니다. 황금빛 꽃이 초록빛 넝쿨 사이마다 호박꽃이 탐스럽게 피었습니다. 호박꽃이 반갑게 해를 바라보고 있습니다. 그 꽃은 별을 닮았습니다.

호박꽃은 밭둑과 언덕바지에서 자주 볼 수 있습니다. 시골 안길인 샛길 따라 고샅에서도 볼 수 있습니다. 담을 타고 고개 든 넝쿨싹 머리는 소리 없이 밤하늘의 별을 보면서 담장 위에 초록으로 장식했습니다. 연하고 부드러운 넝쿨순은 나비 입과 더듬이 모양을 하고 있습니다. 그 머리는 호박꽃을 피울 자리를 마련하려고, 나비 입처럼 생긴 대롱이 스프링처럼 빙빙 돌려 감고서 움켜쥘 곳을 이리저리 더듬고 있는 것처럼 보입니다.

비바람에도 쓰러지지 않으려고 바닥에 엎드리고 안간힘을 다하여 붙들고 있습니다. 부드러운 앞머리 순이 굵고 튼튼한 긴 줄기와 잎을 끌고 가는 것 같습니다. 대단한 힘을 가진 것 같이 보입니다. 긴 넝쿨과 잎을 호박꽃이 볕을 잘 받도록 장소를 택하고 또 작은 열매를 잘 보호할 곳에 자리하고 있습니다.

도시의 어느 담장 안에서 본 천사의나팔꽃을 보면 호박꽃 생각이 납니다. 두 꽃은 모양과 꽃 빛깔도 비슷합니다. 호박꽃은 하늘을 보고 천사의나팔꽃은 땅을 보고 있습니다. 언제나 고개를 숙이고 있습니다. 부끄러워하고 어려워하는 것이 나의 모습을 보는 것 같습니다.

호박꽃은 꽃 빛깔이 환하여 눈에 잘 띕니다. 복스러운 호박꽃을 호박벌들도 좋아합니다. 벌은 좋은 꽃 친구가 되어 암꽃과 수꽃을 찾아다니며 착한 친구로서 사랑을 나눠주고 있었습니다. 암꽃에서 꿀을 얻어오고, 수꽃에서 꽃가루를 구하여 벌 식구들을 위해서 일하는 일벌입니다.

호박꽃은 나누어 주기를 좋아하는 착한 꽃입니다. 그 꽃은 장미꽃과 동백꽃 못지않게 아름답습니다. 짧게 피었다가 열매를 맺게 하고 별나라로 갑니다. 호박꽃은 피고 지고 하지만, 그 자리를 비워두지 않고, 끊임없이 꽃을 피웁니다. 호박꽃을 바라보면 지난날 텃밭 생각이 나면서 함께했던 분들이 그리워집니다.

새벽길에 '사랑의 집'을 나오면 해가 떠 있습니다. 할머니 한 분이 텃밭에서 허리를 구부리고 나긋나긋한 회초리로 호박잎과 넝쿨 머리를 때리고 있습니다. 산죽 매를 고스란히 맞고 호박꽃이 기가 죽어 있습니다. 할머니는 주문하듯이 중얼거리며 "단단히 붙들고 호박을 많이 키워내야지!" 호박넝쿨을 호되게 꾸중하고 있었습니다. 사춘기 시절 철없이 방황할 때 꾸중하시던 어른들이 그때는 구박이었지만, 지금은 사랑의 말로 들려옵니다.

호박 넝쿨 머리는 영역을 넓히려는 욕심이 대단합니다. 주인이 아침마다 텃밭에 와서 애호박을 찾아가기 때문에 그것을 숨기기 위해서 그리한 것 같기도 하고, 서리가 오기 전에 열매를 많이 맺으려는 것 같기도 합니다. 호박 암꽃은 손 타고 나면 맺다가 그냥 열매와 함께 낙화해 버립니다. 할머니의 회초리는 결국 나무의 가지치기와 다름없습니다. 어디에 애호박이 있는지 이리저리 살핀 것이 호박꽃을 괴롭히는 일이지만 크고 알찬 호박을 열게 하기 위해서 순을 자르는 일입니다.

호박꽃이 우리 주변에 흔하게 볼 수 있어서 등한시하고 볼품없다고 하지만 애정을 갖고 보면 볼수록 아름답습니다. 황금빛 꽃에 벌들의 움직임까지 살펴보면 흥미진진하면서 풍만한 꽃의 아름다움을 만끽할 수 있습니다.

이완弛緩

새벽잠에서 깨어나 바르게 누웠다. 늘 바르게 누워 잠을 자다가 잠에서 깨어서 보면 어머니 뱃속에서 웅크리고 있는 모습이었다. 그 버릇이 세상에 나와서도 잊지 않고 있는 듯 그 자세가 편했다. 바르게 누워서 두 발을 모으고 엄지발가락이 천장을 보게 하고 두 팔로 만세를 부르듯이 위아래로 힘껏 펴기를 했다. 왼쪽 종아리 힘살이 불거지면서 심한 통증에 진땀이 났다. 겨우 종아리를 주물러서 통증을 멈추게 하였다.

주로 종아리 근육 경련이 새벽 잠자리에서 간혹 잊을 만하면 일어났다. 근육경련을 '쥐' 났다고 한다. 운동을 하거나 잠을 자고 나서 근육에 자극이 갈 때 혈액에 영양과 산소가 원활한 소통이 이루어지지 않아서 그런다고 한다. 평상시 운동 부족과 무리한 운동에서 오는 경우도 있다고 한다. 나는 오래전에 요가를 조금 했다. 거기서 이완弛緩에 대하여 관심을 가졌다. 이완은 몸의 한 부분이 굳어서 뻣뻣해진 근육이나 신경 따위가 원래의 상태로 되돌아가 풀어지게 하는 거라고 한다. 힘을 빼고 근육을 느즈러지게 하여 편안한 상태가 되게 하면 마음도 편해진다.

새벽이면 걷기와 묵상의 시간을 갖는다. 심신이 한결 가뿐해진다. 참새 한 마리가 눈 깜짝할 사이에 날아 나뭇가지에 앉아 있다. 참새는 작은 몸으로 공기의 압력과 중력의 힘을 박차고 나는 날갯짓이 비행기 프로펠러 돌아가듯 하였다. 참새가 나뭇가지에서 나를 한참 바라본다. 밤이면 실컷 자고서도 근육경련 없이 새벽이면 먹이를 찾아 모래주머니를 채우고 있다. 참새의 거동을 보면 근육과 혈액순환이 잘된 것 같다. 여하튼 대단하다.

마음의 이완을 위해서 사시사철 변화되어가는 들판을 바라본다. 흙에서 자라는 작물을 바라보는데 초록의 아름다움이 넘실댄다. 채소와 곡식과 벼가 하루가 다르게 달라져 평화롭다. 논에 개구리밥이 물 위를 덮고 있다. '개굴개굴', '맹꽁맹꽁' 소리도 없어 아쉽다. 논둑에 해오라기 한 마리가 폼을 잡고 조각처럼 서 있다. 무슨 생각을 저리도 오래하고 있을까. 허기진 배를 채우지 못해 아쉬워 하고 있을까. 아니면 휴식을 취하는 것일까. 참새와 대조적이다. 벼들이 여름옷을 입고 태양의 사열을 받고 있다. 전답 가까이 동산의 짙푸른 숲이 물그림자와 벼가 초록빛이 겹치면서 모자이크가 되고 있다. 환상적인 여백의 아름다움이다. 그 풍경이 바로 이완이 아닐까.

칠월 마지막 주에 들판은 물그림자도 숨기고 훌쩍 자란 벼와 동산의 잎들이 싱그러운 퍼즐로 바르게 들어찼다. 바람도 그 퍼즐을 어루만지고 간다. 초록들이 시원시원한 여름을 만들고 있다. 나무도 이완을 한다. 해바라기를 하면서 단전호흡을 한다. 잎들은 어깨를 밀착시키고 손도 마주잡고 정다움을 보여준다. 그 정다움의 그늘에서 또 다른 생명들이 사랑을 나누고 있다. 잎이 정이 많아서 이웃에게 자리를 마련하고 기다리는 것 같다. 나무 밑에서 하늘을 바라보면 하늘을 볼 수 있는 틈이 없을 정도로 촘촘하게 가려져 있다. 그늘은 생태계의 이완인가 싶다.

여름철에는 타이어의 공기압을 조절해야 달리는 차가 안전하다. 공기의 압력을 낮추기 위해서 에어를 빼낸다. 타이어의 탄력이 노면路面 마찰을 부드럽게 해준다. 이렇게 이완은 다양하다. 우리 삶의 자리에서 몸과 마음을 이완이 건강에 많은 영향을 끼치고 있다. 어느 강사가 "심령의 힘을 빼십시오. 그리하면 심신이 가벼워집니다." 그 말은 욕심을 버리면 마음이 편해진다는 취지 같다. 요가에서 단전호흡을 한다. "내쉬고 들이마시고"가 들려오는 것 같다.

삶에서 모름지기 사랑이란 말을 많이 한다. "이웃을 사랑하라."라고 한다. 저마다 다름을 극복하고 마음을 풀어놓은 것이 이완이 아닐까. 감사하고 만족하면 그게 이완이겠지.

눈길을 오가며

그날도 눈이 내렸다. 나는 새벽부터 읍내에 나갈 일이 생겼다. 아내는 나보다 먼저 일어나 새벽밥을 지었다. 나는 더운밥 한 그릇을 뚝딱 비웠다. 그 밥이 눈보라 길을 걸을 때 추위를 참고 견디는데 크게 힘이 되었다.

눈보라가 예사롭지 않다. 아내는 내복에 두툼한 겨울 양복에 코트까지 입게 하였다. 머리에는 눈만 빼꼼히 나오게 벙거지를 썼다. 방문을 열고 밖을 나오는데, 어둠이 눈앞을 가로막고 있다. 야무지게 미친 듯이 사납게 부는 바람에 엉겅퀴 꽃씨만 한 백설이 흩날렸다. 그 눈송이가 온몸을 향하여 벌 떼처럼 세차게 달라붙었다. 그냥 서 있으면 생 눈사람이 될 것 같았다.

나 홀로 걸어가야 할 길이 눈벌판이 되었다. 나는 지형지물을 살피며 도로를 찾아 걸어야 했다. 그 길은 단화가 푹푹 빠지면서 뽀드득뽀드득 발걸음 소리가 리듬이 되었다. 그 소리에 동네 앞을 지날 때 개들이 "멍멍" "컹컹" 강아지도 어미 개도 따라 짖는다. 백설이 밟히면서 나는 울림이 고요한 단잠을 깨우고 있었다. 나는 오로지 읍邑 회합에 참여하는 시간에 몰두하고 잰걸음으로 나섰지만, 뽀드득 소리가 발걸음을 더디게 했다. 십 킬로 남짓 길을 걷는 동안 새벽을 출렁이게 하여 민망했다.

서서히 동이 트면서 시야를 가렸던 어둠도 눈 속으로 사라졌다. 일반 정기노선 버스 주차장에서 출발 시간에 맞게 승차했다. 눈길 앞서간 차 한 대가 숫눈길을 겁 없이 길을 내고 갔다. 버스 기사는 담담한 표정으로 운전대를 잡고 타이어 자국을 따라 구절양장 같은 길을 조심스럽게 내려가고 있었다. 나는 마음을 졸이면서 창밖의 설경을 무심히 바라보고 있었다. 새벽 버스에 몸을 기대는 승객도 나와 같은 마음인지 숙연한 모습으로 밖을 바라보고 있었다. 자동차 엔진소리만 설한雪寒에 떨고 있는 소리를 내는 것 같다.

차창밖에는 나뭇가지에 눈꽃이 피었다. 새들도 눈이 좋은지 한 곳에 있지 않고, 여기저기 기웃거리며 하얀 숲의 요정들을 찾고 있는 것 같다. 소나무 가지마다 무겁게 눈을 지고 있다. 소나무는 가지에 적갈색 솔가리가 큰 바람을 기다려도 오지 않아 초록 잎을 떠받치고 있다.

뿌리가 약한 소나무는 폭설이 오면 가지도 부러지고 나무도 속살을 내놓고 벌렁 나자빠져야 한다. 소나무는 일찍 태풍을 맞이하여 솔가리를 깔끔하게 청소하고 가야 하는데 이상 기온으로 하얀 눈을 가지가 부러질 정도로 이고 있다. 소나무 위 눈을 해가 데려가기를 학수고대할 것 같다. 앙상한 잎줄기만 남긴 떡갈나무, 신갈나무, 상수리나무, 도토리나무도 참나무 식구다. 그 나무들은 하얀 눈꽃을 보여주고 있었다.

나는 해거름이 되기 전에 시골 들어갈 막차를 타기 위해서 차부로 향했다. 나는 소심한 성격이라서 시간에 여유가 있어야 마음이 편했다. 시간을 아껴야 한다고 하지만, 기다리는 시간을 허실로 보내고 있었다. 막차 기사는 60km 이하 속도로 가다가 손 들면 손님을 태웠다. 평지를 달리다가 굴곡진 산길을 오르고 있었다.

건조한 날씨에 차 후방이 흙먼지와 매연으로 혼탁하며 사물의 식별이 여의찮은데, 눈이 녹아 먼지가 나지 않았다. 버스가 굴러가는데 노면이 고르지 않아서 많이 흔들렸다. 타이어가 굴러갈 때 돌멩이나 박힌 돌을 지날 때 덜그렁거리며 갸우뚱 기우뚱 좌석에 앉아서도 윗몸도 따라 흔들린다. 유독 굴곡을 지날 때 몸이 이리저리 쏠렸다. 기사는 구부러진 길 돌아가는데 조심스럽게 운전의 묘미를 발휘하고 있다.

버스는 울퉁불퉁 경사면에서 앙칼지게 울부짖는다. 나는 차창밖에 계곡과 낭떠러지를 보고 긴장이 되었다. 모퉁이를 돌 때마다 손잡이가 힘이 들어가 있었다. 도로는 눈이 녹지 않아서 겨우 차가 다닐 정도다. 운전기사는 꽉 찬 승객을 위하여 위험한 길을 차분하게 몰았다.

고갯마루 가까이 올 때 사나운 엔진 소리와 기압의 차로 귀가 울고 흔들림에 멀미가 날 정도였다. 약간 넓은 벌판을 지나면서 울렁거림도 가라앉았다. 나는 마음이 편해지면서 참 힘든 하루였다는 생각을 하였다. 버스기사와 승객 모두가 오가면서 어려운 눈길과 가파른 길을 함께했다. 정겨운 풍경과 조바심으로 보낸 시간이 어제 일같이 그리워진다.

백설은 들과 산에 하얀 이불처럼 포근하게 덮고, 봄을 기다리게 한다.

병실의 인연

입원실 창가에 물방울이 매달려 있다. 세찬 빗방울에 얻어맞은 구슬방울이 힘없이 수직으로 미끄러진다. 다슬기 기어간 자국처럼 흔적을 남긴다. 유리판이 구슬땀을 흘리는 것 같기도 하다. 통증을 참거나 링거를 맞으면서 어느 사이 이마에 식은땀이 송알송알 맺혀 있을 때처럼.

4인 침대에 한 번도 알음도 없는 사람들과 만나는 병실이 서먹서먹했다. 나는 하염없이 흘러내리는 빗물을 바라보면서 장남이

하는 말을 곱씹고 있었다. 오른발 등과 복사뼈 피부가 퉁퉁 부어 있는 것을 보고, "아버지 큰일 났네, 얼른 병원에 입원해야 해요. 복사뼈에 탈 나면 다리를 절단해야 합니다. 군화 신고 훈련 받거나 활동하다가 복사뼈 살갗에 상처가 나면 바로 군 병원으로 후송시켜요." 그 말을 듣고도 슬기롭게 대처하지 못한 나를 자책하고 있었다.

TV 보기 좋은 자리에는 입원한 지 한 주가 지난 장년 홀아비가 차지하고 있다. 그는 네 번씩이나 이혼했다고 한다. 동남아지역 여성과 결혼하여 남자아이를 얻었는데 그 아이를 데리고 모국 필리핀으로 갔다고 한다. 그는 스님처럼 머리를 기르지 않는다고 한다. 여름에 시원해서 좋다고 하면서 머리를 쓰다듬는다.

그는 건강미가 넘친다. 직장에서 일하다가 타박상을 입었는데 곧 퇴원을 앞두고 있다고 한다. 병실에 일하는 분들과 자연스럽게 농담하면서 잘 지낸다. 보기에 매우 활달했다. 밤낮으로 텔레비전을 켜 놓아 소음으로 불편했다. 그는 회복하여 사흘간 함께하고 퇴원했다.

창가 자리는 텔레비전 시청하기가 불편하지만 환기창과 공간이 있다. 학생은 늘 양 귀에 소음방지용을 귀마개를 끼고 틈틈이 공부하거나 휴대폰을 들여다보고 있다. 축구 경기를 하다가 발목 인대가 잘리고 타박상을 입어 치료를 하고 있다. 별말 없이 주변 사람에게 호의적으로 지낸다. 학생의 부모가 왔는데, 형과 누나인 줄 알았다. 대화를 듣고 젊은 부모라는 걸 알았다. 그 학생은 좋은 부모와 생활하면서 이웃에게 아름다운 모습을 보여주는 것을 배웠나 보다.

퇴원하면 바로 이어서 또 다른 환자가 침대를 차지했다. 부부가 입원실 침대 위에 사물함에 정리하는데, 나는 어안이 벙벙했다. 어쩌면 나와 비슷한 체격이었다. 손바닥만 한 얼굴에 머리숱 없는 것도 닮았다. 팔다리에 문신이 새겨져 있었다. 노출한 살을 문신이 가리고 있었다. 그 환자는 큰 병원에서 목 디스크 수술을 하고 왔다고 한다. 그는 수술 후의 심기가 불편하여 이것저것 짜증을 냈다. 시간이 지나면서 좋은 말벗이 되었다.

네 번째 입원실 침대를 차지할 사람이 왔다. 그는 건강하고 서글서글하여 대하기가 좋았다. 그는 상처 없는 타박상이다. 길을 걸어가는데 차 옆에 살짝 부딪혔다고 한다. 가해자에게 단돈 십만 원만 주면 정외과에 가서 검사비로 하려 했는데 그마저 거절하여 보험회사에 의뢰하여 입원했다고 한다. 자고 나니 사방이 쑤

시기에 병원에 오길 잘했다고 한다. 그는 하룻밤 자고 이웃 병실로 옮겨 갔다.

이번에는 씨름선수 맞먹을 정도의 체구를 지닌 사람이 빈 침대에 머물게 되었는데, 들어오면서부터 세 사람과 함께 있기 싫어서인지 자리가 못마땅하여 그런지 알 수 없지만, 전에 있었던 큰 병원과 자꾸 비교하면서 화를 벌컥벌컥 내면서 불만을 토하고 있다. 발가락 마디 위에 솟아난 것이 스칠 때마다 아파서 그 수술하고 온 환자였다. 병실 관리자에게 병실을 옮겨 달라고 한다. 다음날 옮기기로 약속하고 하룻밤을 함께하기로 했다.

그는 말소리도 크고, 코골이를 하는데 숨소리도 없듯이 있다가 느닷없이 혹등고래 물 품은 것 같이 소리를 낸다. 그는 고통의 신음소리까지 내면서 잠꼬대마저 큰소리다. 잠버릇치고 고약하다. 그 바람에 도저히 잠을 잘 수가 없었다. 다음날 그도 이웃 3인실로 옮겨갔다. 그는 잠시지만 다른 병실로 옮겨갈 생각 안 하고 머뭇거리기에 옮겨가기를 간청하였다. 그사이 정이 들었는지 자주 찾아온다. 그를 두고 화통이란 닉네임이 생겼다.

학생이 퇴원하고 결혼을 앞둔 청년이 교통사고와 전부터 시력에 이상이 있어서 수술하고 학생 자리를 차지했다. 이어서 휠체어에 몸을 의지하고 온 노인이 병실이 마음에 안 드는지 바로 옮겨갔다.

아내는 병원을 리모델링하여 병실과 화장실이 깔끔하다고 했다. 입원실을 찾는 사람마다 애환이 있다. 새벽이면 자유스럽지 못하였다. 새벽잠이 없는 나는 뜬눈으로 자리에 누워서 묵주를 돌리면서 이웃 침대에서 기동하기를 기다리고 있었다. 고요한 밤에 화장실 물 내리는 소리의 울림이 폭포 소리만큼 크게 들릴 때 긴장의 한순간이 되었다. 퇴원 날은 모두 그동안 아쉬움보다 함께했던 정을 남기고 떠났다. 몸과 마음이 건강해졌기에 마음도 여유가 있는 것 같다.

별이 된 진돗개

개는 뜰을 좋아한다. 개는 새벽부터 "컹컹" 짖고 있었다. 밝은 달을 보고 짖고 있을까. 아니면 냄새 때문일까. 개는 집 앞뒤를 다니면서 살피고 있다.

하늘에 묵직한 구름이 바람도 묶어놓고, 언덕바지 외딴 낯선 오두막집 한 채 외롭게 앉아있다. 그 집을 넌지시 바라보고 있다. 뜰 아래 낮은 굴뚝에서 모락모락 희고 검은 연기가 엉켜서 하늘거린다. 그 연기도 안개와 엉키어 울안을 품고 있다가 해를 보고 사라졌다. 매캐한 냄새는 여전히 가시지 않고 있다.

그 냄새는 코와 목을 괴롭혔다. 개가 "컹컹"거리지만 눈치채지 못한 주인이 야속하여 아쉬움의 눈망울을 굴리며 바라보는 진돗개가 보였다.

아내는 부엌에서 설거지하는데 아기는 그사이에 대문 쪽으로 아장아장 걸어가고 있었다. 대문이 굳게 닫혀 있었다. 아기는 대문 옆 개구멍을 향하고 있었다. 눈치 빠르게 개가 구멍을 막아선다. 아기를 개가 붙잡고 밀어내면서 그 작은 구멍을 비집고 나가고 있었다. 개는 집으로 들어가라고 앞을 가로막지만, 아기는 손을 흔들며 논두렁 쪽으로 가고 있었다. 엄마는 아기가 잠을 자는 줄 알고 집안일을 하고 있었다. 아기는 논두렁에 털퍼덕 앉아있다. 개는 곁에서 아기를 보호하려고 사방을 살피고 움직임도 없이 앉아서 기다린다. 아기는 언제 잠이 들었는지 자고 있다. 엄마는 잠든 아기를 보려고 방을 보니 아기가 없어져서 대문을 열고 아기를 찾아나섰다. 아기 이름을 부르는데, "컹컹" 짖으며 알려주었다. 아내는 아기를 안고서 집을 향하는데 개는 신바람이 났다. 꼬리치며 앞으로 갔다가 뒤를 따르고 있었다.

안심마을에서 입양해온 진돗개다. 아는 분이 외진 곳에 개라도 키우면 집은 잘 지킬 거라고 했다. 지금은 온 마을이 없어지고 푸른 초원이 되어 있다. 그 개가 아기와 동무가 되어서 무럭무럭 잘 자랐다.

아이가 알러지 천식으로 치료를 받고 있다. 아이가 천식을 갖게 된 원인이 동물에서 온 것인지 새벽부터 태운 쓰레기 때문인지 알 수 없으나 아이에게 좋은 환경이 아닌 것은 말할 것도 없었다. 부모가 자식들을 위해서 꼼꼼하게 챙길 여력이 없었다. 하필 그때 일터에서 행정업무, 지도업무까지 약한 몸이 지탱해야 했었다.

진돗개는 새끼를 한 마리 낳았다. 아이의 숨이 차면서 얼굴이 백지상태로 기진맥진하여 큰 병원에 입원하였다. 일이 겹치면서 어미 개 먹이를 알뜰하게 살펴줄 여력이 없어 배곯게 했다. 죄를 짓고 말았다.

아이와 아내가 병원에서 퇴원하여 나왔다. 아내는 개를 위하여 이것저것 영양 되는 것을 준비하여 먹게 했다. 그동안 굶주림에 허겁지겁 먹다가 목에 가시가 걸렸는지, 아니면 급체했는지 눈에 불을 켜고 집주변을 홀딱홀딱 뛰다가 그냥 집을 튀어 나갔다. 아내가 온 동네와 논밭을 살펴봐도 개를 찾지 못했다. 기다려도 개는 오지 않았다. 아이는 숨을 가쁘고 고르지 않게 쉬면 병원 갈 준비를 한다. 쌕쌕 소리가 호흡이 힘들다는 소리다. 아이가 얼굴색이 변하면 바로 병원을 찾아야 했다. 그때마다 아내는 애가 타는지 아이처럼 얼굴색이 노랬다.

내가 있는 자리 부근에는 유독 악취가 나고 있었다. 그 냄새가 한두 번이 아니었다. 대청소하는 날 마룻바닥 나무판자를 우연히 들추어 살폈다. 역한 냄새가 났다. 그곳에 개가 죽어 뼈만 앙상하게 남아있는 것을 보고 가슴이 출렁거리며 머리가 멍해졌다. 그것은 얼마 전 사라진 개라고 직감했다. 개는 마루 밑에 매일 와서 주인이 있는지 없는지 이곳에 자주 들렀다는 생각이 든다.

나는 개를 살갑게 대한 적이 없었다. 마음이 아프다. 개는 죽기 전까지 고통을 견디며 내 곁에서 숨을 거두고 갔다. 가버린 개가 생각 나 그때를 회상하면 아찔해진다. 할머니께서 하시는 말씀이 배를 타려면 개고기를 먹어서는 안 된다고 했다. 나는 몸이 약하여 매년 개 한두 마리를 약으로 먹고 건강을 지탱했다. 사람들과 함께 먹는 보신탕으로 먹은 적도 있었다. 하지만 요즘에는 먹지 않는다. 기회가 되어도 진돗개를 생각하여 먹지 않으려고 한다.

진돗개는 아이를 보살펴주고 집을 지키고 갔다. 처음과 끝이 변하지 않고 주인을 알아보고 곁에서 눈을 감았다. 다행한 것은 영혼은 별나라로 몸은 자연의 먼지로 사라졌다.

5부

참 울타리

사랑은 늘 그곳에

정든 사람들과 늘 함께 있고 싶다. 정든 사람과 헤어지면 공허감으로 의욕이 상실된다. 삶에 대한 미련을 갖지 못하고 우울해지기 쉽다. 현실을 직시하고 헛꿈에서 깨어나야 한다. 누구나 세상을 떠난다는 것은 정든 사람들과 헤어지기 싫어서 슬픈 것이다. 오래도록 살고 싶은 마음은 정 때문이다.

나를 두고 먼저 아무도 없는 곳으로 간 가족과 친척들이다. 나도 머지않아서 따라가야 한다는 것이 슬프다. 그분들과 함께 마주 보고, 말하고, 귀담아 듣고 웃던 그날들이 그립다. 모두 어제 일 같다. 어쩔 수 없이 인연이 되어 함께 생활했던 사람들이 모두 소중한 사람들이었다. 내가 싫어했던 사람, 좋아했던 사람이 있었기 때문에 지금 내가 있다. 결국 내 마음에 든 사람, 들지 않은 사람 모두 사욕私慾에 의한 것이다. 아직도 바람은 공존하지만, 미운 정 고운 정이 그리움으로 남아있다.

나를 슬프게 한 것은 사랑이다. 내 곁에 참사랑이 되어줄 사람이 유아 때 세상을 떠났다. 그게 나의 부모 형제다. 자식을 위해서 희생을 각오하는 부모님의 사랑이 참사랑이다. 조물주의 섭리는 참사랑을 원한다. 나는 부모 사랑을 받지 못하고 배우지 못해서 천둥벌거숭이처럼 내 자식들에게 희생적인 아버지가 되지 못했다. 나의 자식 삼형제가 반쪽사랑만 받고 자랐다. 후회한들 잘못은 그대로 남아있다.

삼형제는 가정을 꾸리고 제 자식들을 끔찍하게 사랑한다. 아이들을 정서적으로 잘 자라게 해주고 있어서 늘 고맙고 미안한 마음이다. 할아버지로서 손자, 손녀에게 아무것도 해주지 못하고, 귀엽게 바라보는 것도 나의 욕심이라 생각한다.

오래 살고 싶으면 몸을 움직일 일이다. 버스를 타고 가다 보면 눈에 띄는 색깔의 조끼를 걸치고 교통 신호기를 들고 도움을 주는 사람을 볼 수 있다. 긴 집게를 들고 쓰레기를 줍는 것을 자주 본다. 노인들의 봉사활동을 좋은 시선으로 바라보는 사회가 되었으면 한다. 간혹 곱지 않은 시선으로 보거나 무관심하지 않게 성숙된 사회가 되면 좋겠다.

수당을 받으려고 나온 것 아닐까. 또는 극빈층 노인들일 거야. 얕잡아 볼 수도 있다. 노인들의 행색은 초라해도 그들의 고생 덕에 번영의 열매를 맛보고 있다. 추하다고 보기보다 벗들과 담소도 나누고 몸을 움직이니 건강에 좋으시겠다고 보는 마음이 필요하다. 노인 공경하는 마음가짐이 자녀에게 은연중에 사랑의 씨앗을 심는 일인데….

노인이 되면 주름과 구릿빛 피부에 검버섯도 눈에 보인다. 어깨는 앞으로 휘고, 허리도 굽는다. 저절로 굳어가고 작아진다. 그 몸에 좋은 옷을 입어도 옷 태가 나지 않는다고들 한다. 늘씬한 젊은이는 걸치기만 해도 맵시가 절로 나는데 노인들은 어떤 옷을 입어도 옷태가 나지 않는다. 그래도 산뜻하고 단정한 품위가 살아나는 늘 깔끔한 옷차림이 보기 좋다.

친구가 산장 음식점에서 닭볶음탕을 시켜 셋이서 맛있게 먹었다. 그가 사준 음식 먹고 사흘 지났는데, 병원에서 정밀 검사 받고 있다고 한다. 시간이 흐른 뒤 소식을 들었다. 수술이 잘되어 병원에 입원 중이라고 한다. 코로나로 면회 사절이라고 한다. 나는 어떻게 해야 할지 난감하기만 했다. 친구의 쾌유만 빌고 있었다. 코로나 핑계로 병문안도 못하고 문자도 보내지 못하고 벙어리 냉가슴 앓듯이 하고만 있었다. 건강한 모습으로 만날 날을 학수고대했다.

내 건강에도 예민해지기 시작한다. 나도 친구와 비슷한 부위에 통증을 느끼고 있을 때였다. 나에게 엄습해 오는 쇠락의 공격이 주야로 심신에 달라붙기 시작한다. 꼼짝 못하게 할 것을 생각하면 아찔한 전율이 오며 허탈해진다. 예고된 수순의 자연의 섭리인데 반둥대며 허둥대고 있다.

친구는 하천과 바다를 누비며 낚시를 즐긴다. 잡은 고기는 이웃과 나눈다. 그때마다 참붕어와 떡붕어 이야기가 나오면 식상했다고 한다. 지금은 참 떡 타령할 때가 아니라고 한다. 떡이 참이고 참이 떡이라고 한다. 아리송한 말에 흥미가 돋기도 했다. 그게 변종 찰떡붕어 하면 돼. 참붕어와 떡붕어가 서로 사랑하고 나서 생긴 붕어가 찰떡붕어라고 한다. 그냥 웃기 위한 신조어가 되었다.

친구는 이제 낚시는 접고 건강을 위해서 평길 걷기와 삼림욕을 즐기고 있다고 한다. 명상과 묵상시간으로 그만이라고 한다. 나보고 함께 하자고 한다. 그러자고 했다. 친구는 참사랑을 늘 실천하고 있다. 참사랑은 늘 그곳에 풍성하게 자라고 열매를 맺는다.

성인의 향기

존엄함이 작은 액자에 낮게 걸려 있다. 유리 속에 있는 화상畵像은 언제 봐도 근엄하고 과묵해 보였다. 신부는 갓을 쓰고 하얀 도포의 깔끔함이 위풍당당했다. 그는 좌정하여 한 손에 붓을 들고 일필휘지一筆揮之 한 몸가짐이 영성의 향기였다. 나는 차분하게 앉아서 영성을 위한 묵상시간을 갖고 염경기도를 하였다.

나는 신부님에 대하여 이야기를 듣고도 주의 깊게 듣지 아니하고 무심하게 넘겨 버렸다. 교회에서 성지순례를 다녀왔다. 배론 성지를 둘러보았다. 최양업 신부는 나와 성이 같아 친밀감이 생겼다. 나는 순례기념품으로 그분의 수난사가 고스란히 담겨 있는 2개의 카세트테이프를 샀다. 그 테이프 음성 녹음이 최양업 신부의 편지 내용이 담겨 있었다. 출퇴근 때마다 승용차 카세트 녹음기로 듣고 다녔다. 내가 성 바오로 신학초급 2년, 중급 4년, 영성통신 2년 교육을 받은 것도 알게 모르게 이 영성의 향기가 도움이 많이 되었었다.

초급 때는 지인의 권유로 받고 대답하고 한 해를 넘겼다. 다음 해에 원서까지 주면서 등록을 권하기에 그분의 인품을 저버릴 수가 없어 마지못해 등록을 했다. 한 해 동안 공부할 책도 뒷전에 두고 성의 없이 과제를 보냈다. 담당수녀는 내가 쓴 답안지보다 많은 친필로 정답을 보내줬다. 나는 수녀의 성의도 무시하고 또 한 해를 그만뒀다. 또 교육원에서 다시 연락이 왔다. 나는 다시 등록을 했다. 성의껏 공부하여 좋은 점수를 받았다. 결국 통신 교육을 졸업했다.

나는 성지순례 지명에 혼돈할 때가 배론과 배티였다. 모두 충북에 있다. 배론 성지는 배의 밑바닥 모양과 같다 해서 배론이고 배티 성지는 돌배란 의미로 순수한 우리말에서 온 말이라고 한다.

최양업 신부는 사도 바오로 버금가는 신부이다. 그는 착한 목자가 되기 위해서 자기 양을 위해 목숨을 바친다. (요한 10,7-16) 그래서 백색순교자가 된다. 그의 품성은 차분하면서 내성적이고 매우 겸손하다. 뿌리 깊은 형제애와 인간 존엄성에 관심이 많으시고 가난한 이와 함께하는 일에 매우 헌신적이었다고 한다. 그에 여러 호칭이 따라다닌다. 길목의 목자牧者, 땀의 순교자, 백색 순교자 등 이웃을 돕기 위한 사도의 직분을 다하고 본을 보였다고 한다.

최양업 신부는 백오십여 년 전 선조들이 흘린 값진 피로 그 뿌리를 내렸다. 오늘날 우리에게 주어진 신앙의 유산은 곧 선조들의 피와 희생의 결과라고 할 수 있다. 우리나라 두 번째 최양업 토마스 신부가 착한 목자가 되어서 이 땅에 복음을 뿌리내리는 데 혼신을 다한 분이다. 신부의 편지 사연을 듣고 가슴이 답답했었다.

이 땅에는 종교의 자유가 없었다. 궁핍과 투쟁만 있었다. 죄인 아닌 죄인이 되어 목숨마저 지탱하기 어렵다고 했다. 미워하고 흉악범처럼 멸시해서 항상 전전긍긍 떨고 살아야 했다. 친척 중에 신앙을 받아들이는 기색만 보여도 즉시 온 가족과 친척들이 벌떼같이 들고 일어나 공격하고 그를 인간 중에 가장 부도덕한 자로 여겨 저주했다. 온갖 방법으로 못살게 괴롭히고 결국은 그를 멀리 쫓아내고 다시는 자기 동족들 가운데에 발을 들여놓지 못하게 했다.

양반은 말할 것도 없고 가문이 쑥대밭이 되고 만다. 남녀 칠세 부동석인 세상에 여자들의 활동은 더욱 심하게 제약을 받고 있었다. 과부의 서러움은 더욱 심했다. 최양업 신부는 길에서 살다 길에서 죽은 착한 목자였다고 했다. 그는 다리품을 억세게 팔고 다닌 사람이다. 편지를 통한 그 시절의 사회상을 살펴볼 수 있다.

그분은 양반고을에서 1821년 춘삼월에 충남 청양의 다락골에서 최경환 프란치스코 성인과 하느님의 종 이성례 마리아의 장남으로 태어났다. 1861년경에 몸이 쇠약한 가운데 장티푸스까지 걸려 선종했다. 현재 배론 성지에 안치되어 있다. 충북 진천군 백곡면 (배티 교우촌)에서 나이 40으로 선종하여 그해 11월 초 그의 유해는 충북 제천 배론 신학교에 이장했다.

예수 그리스도를 통해서 최양업 신부를 알게 되고 학습을 통한 교회사 그리고 세계사까지 챙겨 볼 기회가 되었다. 교회인물사에서 교회사, 세계사 대한 나는 문외한으로서 성인으로 추대 받고 있는 최양업 신부의 영성의 향기를 함께할 수 있어서 뜻깊은 시간이 되었다.

두 아들이 부모가 고통받지 않고 단칼에 돌아가시게 해달라고 망나니에게 사정을 하는 서신 내용에 한숨과 참담함을 몸서리치게 느끼면서 순교정신의 참뜻을 알게 했다. 강한 성령의 힘에 의한 배교를 뿌리치는 그것은 참 믿음만이 할 수 있다고 본다. 예수 그리스도의 십자가를 짊어지고 갈 수 있는 슬픔이 아니고 기쁨으로 받아들이고 있다. 슬프고 비참하지만 주님과 함께할 수 있다는 거룩한 정신이 다시 조명되는 것을 볼 수 있었다.

휠체어와 포도

흰색 페인트로 휠체어에 몸을 의탁한 모습을 간단히 나타낸 그림이 있다. 그 그림은 언제나 장애자 빈 전용주차 공간에서 도움을 주기 위해서 기다린다.

주차하려고 애를 태우면서 헤매는 때가 간혹 있다. 만차滿車인 경우다. 장애인 전용주차 표시는 공공기관이나 대형마트, 병원, 종교건물 등에서도 볼 수 있다. 빗면 보행로가 로고로부터 출입문 가까운 데 있다. 승용차를 장애인 주차 자리에 세웠다. "그곳에 주차

하면 카파파라치가 어느 순간에 찰칵 셔터에 범칙금 고지서를 받아야 합니다." 눈에 익지 않은 신사가 주위를 살피면서 귀엣말을 건네었다.

주차하려고 차를 몰고 이리저리 살펴봐도 주차 공간이 보이지 않아 출구를 쪽으로 나섰다. 통행로通行路 주차로 폭이 좁아 간신히 운전했다. 다음 장해障害는 굽은 곳에 하는 주차였다. 지나면서 빠져나오는데 식은땀이 났다. 스치면서 다른 차에 흠집이 생기지 않게 하려고 긴장을 하였다. 주변 사정은 고려하지 않고 내 입장만 사로잡혀서 장애인 주차 공간을 보고 탐탁히 여기지 못했다.

아내가 큰 병원에 두 번씩이나 수술하고 입원을 하여 휠체어, 안전보행기, 목발에 의지하면서 지냈다. 아내와 나는 거동에 혹독한 체험을 하고 나서, 장애인을 애틋한 마음으로 보게 되었다. 아내는 아직도 아쉽지 않을 정도로 걷기를 못 하고 조심스럽게 아이처럼 걷는다. 아내는 계단을 오르내릴 때 난간을 의지하고, 등산은 엄두도 못 내고 있다. 친구들과 산을 오르던 때의 추억을 잊을 수 없다 한다. 내 신세가 이리되었다면서 안타까움을 내쉬고 있다.

나는 전동차가 나타나면 긴장을 한다. 운전자들이 느리게 가는 전동차 때문에 달리는 속도를 줄이는 것을 볼 수 있다. 환자 스스로 휠체어를 움직인다. 그는 회복에 전념했음을 엿볼 수 있다. 아내와 같이 수술한 지 얼마 되지 않은 환자는 간병인이 휠체어를 밀고 있다. 장애인은 가까운데 있으면서도, 바라보는 시선이 곱지 않았던 것은 선입견 때문인 것 아닌가 한다. 장애인은 신체 활동의 부자유와 의사意思 표현의 우둔함으로 비호감非好感을 갖게 한다. 우리 가까이에 장애인이 있다. 그 장애가 심하지 않을 뿐이지, 거동이 불편한 사람을 우리 주변에 자주 볼 수 있다.

병원 정형외과에서 아내의 휠체어를 밀고 나올 때다. 나이가 들어 보이는 아이가 휠체어에 앉아서 포도가 들어 있는 비닐봉지를 주면서 먹으라고 한다. 나는 손사래를 치며 말없이 나왔다. 아이 옆을 지나가는 길이었는데도 아직도 여운이 남아 있다. 아내와 병원만 오면 포도와 아이 생각이 난다.

아이가 왜 하필 나에게 포도 봉지를 주려고 했는지, 아이 생각을 하면 마음이 무겁다. 아이는 나에게 포도를 주면 받을 거라고, 자기를 친근하게 대해줄 거라고 믿었나 보다. 나의 무심한 태도에 아이는 어이가 없는지 무표정으로 다른 곳에 눈을 돌리고 있었다. 아이가 상대에게 친절하게 나눔을 가져 보려는 마음을 알아주지 못해 미안한 마음이다. 옥빛 포도알 같은 아이의 마음을 헤아리지 못하여 아쉬웠다.

그냥 아이에게 포도 몇 알만 먹겠다면서 '잘 먹을게.' 하고 고마운 표정으로 응대했다면, 환한 얼굴로 바라보면서 만족했을 것이다. 아이에게 관심이 부족하고 어색한 할아버지가 되었다. 아이가 자꾸 생각나게 하는 것을 보면 언제나 이웃에게 친절하라는 암시 같다. 내 안의 휠체어에 아이와 포도가 있다.

회두回頭

새벽녘에 현관문을 조용히 열고 나온다. 한 주에 두 번 미사에 참석하기 위해서이다. 교회에서 마스크를 하고 정숙한 분위기에서 바르게 앉거나 서서 바라보고, 읽기와 듣기만 하고 조용히 돌아온다. 새벽 미사라서 교우敎友들과 교류를 못 한다. 간혹 이를 두고 발바닥 신앙이라고 한다. 나는 집에서 성경과 기도문으로 신앙을 깨우치고 있다. 대부분 독서와 가벼운 산책을 하면서 하루를 보낸다. 두문불출할 때는 은둔자가 된 것 같다.

이곳 성당에 교적을 옮기고 얼핏 헤아려 보니 강산이 변한다는 세월이 가까워지고 있다. 늘 침묵으로 일관해온 처신이 참 신앙이라고 자부할 수는 없다. 자기중심적 안일함에 빠졌다. 희생이 없는 생활이다. 엄밀히 보면 냉담이다. 나는 함께하는 곳에 대화를 접고 있다. 교우에게 자연스러운 면보다 늘 낯설고 냉랭한 모습이었다. 교우들에게 미소를 보내면서 인사말이라도 건네면 좋으련마는 노인네 배려심 없다는 말 듣기에 딱 맞다. 나는 차분히 자기 자리를 지키는 노인으로 바라봐주기를 기대하고 있다.

임인년 유월 스무날 주일 새벽의 성당 마당에 주차 대신 천막과 식탁들이 놓여있었다. 기념행사의 현수막이 단상 뒷벽에 좌우로 걸리고 단상 앞에는 꽃들로 아름답게 장식되어 있었다. 주임신부 사제서품 25주년(은경축)을 맞이하여 시간에 맞게 형제자매님들께서 오셔서 식사하라고 당부했다. 나는 오래전에 복날을 앞두고 어르신 모시기 삼계탕을 중식으로 주일날 대접받은 기억이 있고 그 뒤로는 없었다.

집 현관문이 열려 있다. 새벽에 나간 내가 들어올 무렵 번호 키 대신 얼른 들어오라는 아내의 배려였다. 나는 거실에 발을 옮겨 놓으면서 아내를 향하여 오늘 교중 미사와 조촐한 축하 후에 푸짐한

낙지쇠고기전골로 점심을 준다고 하는데 함께 갈 것인지 의향을 물었다. 아내 표정이 심각하게 갈등하는 것으로 보였다. 아내는 지난번에 건축 헌금 낸 것에 대한 아쉬움을 말하고 있다. 나는 형편에 따라 자주 하면 된다고 했다.

아내는 전 성당에서 세례받고 주일날도 빠지지 않고 다니면서 소모임에도 나가다가 어느 날 교회 가는 것을 서슴없이 중단했다. 아내의 작심한 냉담은 매서웠다. 아내의 냉담은 자기중심적 욕구 충족에서 오는 자존의 상처인가 싶다. 저마다 주부는 가정의 행복을 위해서 바쁘다. 거기다가 내과의원에 가서 약 타는 날이 공교롭게 모임 날이 되어서 모임에 초보자가 본의 아니게 성의 없는 단원이 되었다. 열성 단장의 열린 공감 대화가 없었던 것이 화근이었다.

아내는 냉담 중에 우연히 사제 은경 축일에 교회 문을 들어서게 되었다. 아내는 긴 시간 동안에 미사와 행사에 참여하여 감명 깊었다고 한다. 세례받을 때와 같이 환희의 눈시울을 적셨다고 한다.

나는 자매님의 안내로 원 테이블에 4명씩 앉았다. 넓적한 냄비 가득 담긴 전골을 서빙하는 자매가 손수 듬뿍 담아서 주기에 고맙다고 했다. 찬도 한두 가지가 아니다. 배추김치, 홍어무침 맛이 그만인 데다가 전골은 맛집에서 흉내 낼 수 없을 정도로 맛깔스럽다.

아내는 홍어와 김치를 염치없이 서빙 총각에게 주문하여 밥을 다 먹고 나서도 김치만 먹고 있었다.

축복의 음식이라서 “주님의 물로 만든 포도주처럼” 이곳의 음식도 축복의 음식이 되어 꿀맛이 된 것 같다. 아내는 그동안 오래 앉아 있어서 주춤거리며 일어나기를 힘들어했다. 많은 사람이 보는 데도 내 손을 잡고 걸었다. 사람들의 이목이 쏠리는 것 같아 쑥스러웠다. 아내는 한참 걷다가 무지개떡이 자꾸 생각난다고 하기에 냉담을 포기한 만족감에 다시 총각을 찾아 떡 한 접시를 달라고 했다. 곧바로 말없이 미소를 머금고 정중하게 떡을 건네주고 간다. 천 마디 말보다 총각의 예의 바른 태도에 머리가 숙여지고 고마움이 용솟음쳐왔다.

나는 신앙생활을 오래 했지만, 아내의 단순 믿음에 비하면 진부眞否의 경계선의 완충지대에 있지 않을까 스스로 묻고 있다. 성경에 대한 이론적 지식을 공부했다고 하지만. 아내는 가족을 위해서 기도하면서 늘 신부나 수녀에 대한 존경심을 지니고 있었다.

성당은 가지 않아도 사랑집을 잊지 않고 가슴 안에 품고 있는 것 아닐까. 아내의 마음이 교회 가는 길을 향하여 열리기를, 새벽 걷기 운동과 미사에 참석하여 심신의 근육이 살찌기를 바라며 두 손을 모은다.

코로나 때문에

재난지원금 직불카드를 받았다. 나는 아내와 이른 점심시간에 바지락칼국수 식당을 찾았다. 주차 불편을 피하기 위해서였다. 소상공인들의 생계를 위해서 정부의 방침에 따라 음식점을 개방을 하고 선풍기, 에어컨 대신 창문을 열게 했다. 그런데도 불구하고 감염자가 발생한 식당은 소독을 하고 방역에 따르도록 했다. 코로나19 감염자와 함께 있던 사람들은 보건소에 가서 PCR 선별검사를 받아 양성이면 입원하여 치료를 받게 했다. 지명이 되면 불편해도 검사와 치료를 받아야 한다.

식당에는 식탁 사이 빈 식탁이 있다. 식탁 위에 예약자리 표시처럼 거리두기용 표시 글이 있었다. 물끄러미 빈자리를 바라보면서 속으로 웃었다. 차라리 의자를 빼놓고 앉지 말라고 하지. 식당에서 묵묵히 식사하는 예절이 이웃을 위한 배려가 되었다. 살다 보니 '벙어리 냉가슴 앓듯' 하는 모습이 조심스럽다. 그것도 입에서 튀어나오는 비말 때문이란다. 카운터 아가씨가 주문을 받아 가면서 계산 쪽지를 놓고 간다. 바지락이 끓고 있는 동안에도 손님들은 오지 않았다. 식사 후 아내는 화장실 가고 나는 재난카드로 막 계산을 하려는 순간에 젊은이들이 다섯 명이나 들어왔다. 아내와 나는 그길로 곧장 집으로 왔다.

식당에 다녀온 사흘 만에 시 보건소에서 문자가 왔다. 코로나19 선별검사를 곧장 받으란 문자였다. 아내 핸드폰에도 떴다. 아내와 나는 은근히 걱정이 되었다. 하필 4분의 고비를 넘기지 못하여 근심을 자초하였다. 4분이란 시간이 야속하기만 하였다. 만일에 양성이면 내가 사흘 동안 만난 사람들이 모두 검사를 받아야 한다. 그 사람들도 나처럼 근심 걱정을 해야 하니 눈앞이 캄캄하다. 나에 대한 분노감에 모욕적인 언사들이 폭포수처럼 쏟아질 것을 생각하면

끔찍하여 죽을 맛이다. 곤혹을 감수해야 하니 암담하다.

아침밥도 몇 숟가락 뜨지 않고 아내와 동행하여 선별검사소를 향했다. 주차 공간 걱정을 하는 판에 차 한 대가 나오면서 주차할 수가 있었다. 무거웠던 마음이 한결 차분해졌다. 일찍 나선 PCR선별검사를 받으려는 사람들이 장사진을 치고 있었다. 누구 할 것 없이 무표정에 가깝다. 더워도 비말 때문에 부채질도 하지 않도록 주의를 주고 있다. 젊은이들이 휴대폰을 들여다보며 지루함을 달래고 있었다. 아내는 다리가 불편한지 앞에 있는 청년에게 자리 순서를 말하고 한쪽에 앉아서 차례를 기다렸다. 여름 날씨지만, 유난히 더운 날이었다. 반나절이 되어서 차례가 왔다.

피부가 까만 낯설어 보이는 인물이 사람들 틈에 들락거리고 있다. 특이하게 보여 슬쩍슬쩍 곁눈질로 살폈다. 그는 흑색 피부에 울룩불룩한 근육, 고릴라 크기의 몸통이 한라급 씨름선수 못지않은 거구였다. 혼란스러운 문신까지 보란 듯이 드러내놓고 있어 볼썽사나웠었다. 남의 나라에 와서 검사받는 태도가 아니다. 남녀노소가 착잡한 마음으로 더위에도 순서를 기다리는데 사람들을 불안하게 하고 버르장머리 없는 거동에 화가 치밀었다.

집에 돌아와 검사결과를 애타게 기다리며 음성이 되길 빌었다.

양성이면 어쩌지. 아내는 마음이 편하지 않은지 식욕이 없다고 했다. 아내와 내가 음성이라고 연락이 왔다. 불안에 떨던 마음이 안정되었다. 그 뒤로 바지락칼국수 먹자는 말이 숨었다. 어수선한 세상에 서로가 양보하고 배려하면 좋겠다. 늘 기쁨은 조금이고 걱정은 따라다닌다. 그래도 날마다 살아내는 것이 삶이다.

벗과 나

존경하는 벗이 있다. 벗과 나는 각별한 인연으로 맺어졌다. 그와 있으면 자존과 비굴이란 말이 무색할 정도로 편했다. 어느 날 내 날 선 말 때문에 그와 감정의 골이 생기게 되었다. 그와 화해의 창을 열기 위해 시간이 필요했다. 그로부터 어떠한 질책도 감수할 마음이었다. 그가 내게 어떤 날 선 말을 되쏜다 해도 감내해야지 했다.

나는 고통의 멍에를 무겁게 짊어지고 그의 마음을 달래기에 급급했다. 하지만 그의 마음은 쉽게 풀어지지 않았다. 나와 그는 여러모로 달라도 너무나 다른 면이 있다. 그는 매사에 적극적인 반면에 나는 주관이 뚜렷하지 못하고 소극적이다. 어리바리하고 실속없는 태도가 내 결점이기도 하다.

벗은 나 때문에 자존심이 상해서 크게 고통을 겪고 있다고 했다. 하필 그때 대림시기와 성탄절이 가까워 오고 있었다. 연말연시를 맞이할 무렵이어서 정신없이 바쁜 때였다. 그는 나의 폭언에 어이가 없어서 할 말을 잃고 말았다고 했다. 화가 용솟음쳐도 그것을 꾹 참고 견디면서 그 길로 바로 고해실을 찾았다고 한다. 나는 그의 말을 듣고 어안이 벙벙해지면서 할 말을 잃었다. 그가 정신 없이 바쁜 때 내가 훼방꾼이 되고 보니 미안했다.

나의 모습은 구겨진 추물이 되었다. 내가 보기에도 내 몰골이 탐탁한 구석이 별로 없다. 게다가 대화를 할 때도 분위기와 동떨어진 동문서답을 할 때가 있다. 나는 대화하는 데 둔하다. 상대방과 간단명료한 의사소통을 하지 못하고 변죽을 울릴 때가 있다. 그런 점이 친구들로부터 거리감을 갖게 하는 요인이 된다.

친구를 통하여 마음의 거울을 볼 수 있다. 그런데 “나는 친한 친구가 별로 없다.” 그것도 자랑이라고 말하곤 한다. 한마디로 상대하기 버거운 사람임을 스스로 자인하는 꼴이다. 좋은 친구가 되기 위해서는 무엇보다도 서로 협조하고 배려하는 마음이 있어야지, 스트레스를 주는 사람과 거리를 두고 모른 체하는 것이 당연하다. 친구들의 위상을 세워주는 품위 있는 모습을 보여주지 못하여 더욱 아쉽기만 했다. 예쁨도 귀여움도 제 할 탓이라고 한다. "제 탓이오. 제 탓이오." 가슴을 치며 되돌아 본다.

얼마 전 전화로 내가 친구들과 함께하기가 미안하다고 했다. 마음을 비우고 있을 때다. 또 한편으로는 '왜, 내가 무엇이 아쉬워서.'라며 억지를 부려보았다. 그동안 다툼이 일어난 원인이 무엇인지 반성도 하고 상대방의 마음도 헤아려 봐야 하는데 그러지 못했다. 어젯밤 꿈이 화해의 글을 쓰는 단초가 되었다.

동창회에서 삼사오 명씩 모여 정담을 나누는데 친구들이 나를 보고 피하는 것 같았다. 내가 가면 사람들이 흩어졌다. 동창들이 군데군데 모여 식사를 하는데 함께 식사하자는 친구가 없었다. 한 사람이 지금 무엇을 하고 있느냐고 하기에 놀고 있다고 한 기억이 꿈속이지만 생생하다. 꿈속에서까지 소외되었다고 생각하니 외롭다는 생각이 번쩍 들었다. 내게 따뜻한 말 한마디 살갑게 해주는 벗인데 좁쌀영감처럼 콩이야 팥이야 했던 것이 후회스럽다.

그와 성격은 달라도 사십 년 동안 같은 직장에 근무했고, 종교도 같아서 이해하기 편했다. 열차가 레일 위를 달리듯 우리도 따로 또 같이 나란히 가고 있다. 나와 그는 내면에 이성과 감성을 서로 조절하고 함께 조화롭게 균형을 유지하면서 지냈다.

그는 나보다 나를 더 챙긴다. 그는 낚시를 즐긴다. 잡아 온 붕어를 주고 간다. 승용차에 모과를 두면 향기가 그만이라면서 시간 나면 가져가라고 전화가 왔다. 그 다음날 병원에서 정밀검사를 받는다고 한다. 그는 힘들어 하고 있는데 나는 건강하다고 그의 앞에 가기가 머뭇거려진다. 그를 대하기가 두려워서 피하고 있다. 나는 참 친구가 아니다.

'내가 그동안 벗을 있는 그대로 받아들이지 못했었구나!' 헛되게 세월만 축냈다는 데 회한이 남는다. 귀한 벗을 놓칠 뻔한 어리석음을 되풀이하지 않기를 바란다. 나 또한 "그 사람 꽤 괜찮은 사람이야!" 하는 말을 듣는 사람이길 바라는 욕심을 부려본다.

참 울타리

어둠과 빛이 울타리를 넘나든다. 나는 모태의 울타리를 넘어 세상에 나와 어머니 등과 가슴에 매달리고 안기면서 행복했다. 나는 부모님 곁을 떠나면서 질곡의 울타리를 감당해야만 했다.

밤의 어둠은 심신을 편히 쉬게 하는 울타리다. 하지만 어둠을 이용하여 길 가는 사람에게 해害를 주기도 한다. 밤길은 두려움을 마음에 안고 걸어야 한다. 요즘은 가로등과 감시카메라가 도우미 역을 톡톡히 하고 있다.

고향 집은 낮은 돌담이 있었다. 기껏해야 울 안을 안고 있는 싸리나무나 풀이나 나무 따위를 얽어서 둘러막았다. 가까스로 뜰에 초가삼간 정도가 자리 잡고 있다. 울타리 너머로 초라한 집안 살림을 엿볼 수 있었다. 그래도 형편을 알고 이웃끼리 도리를 지키고, 정을 나누면서 지내었다. 밤길도 마음 놓고 마실꾼이 되어 고샅길을 누빌 수가 있었다.

어느 목동이 한눈만 팔면 양들이 그 사이에 통나무 울타리를 넘어가는 것을 보았다. 그 일로 양을 찾아오는 일이 귀찮았다. 목동은 양들을 살피다가 찔레꽃 있는 곳에서 넘어가지 않고 다른 곳으로 피하는 것을 발견했다. 그것을 보고 생각해 낸 것이 가시철망 울타리였다. 양들은 찔레꽃 향기만 나도 아예 가지 않았을 것 같다는 생각을 해 본다. 소년은 특허권을 가지고 철조망 사업으로 대부호가 되었다고 한다. 그는 양떼를 보호하는 좋은 울타리를 만들었지만, 양을 속박하는 도구로 이용될 때 가슴 아프게 하는 울타리도 되었다.

열린 문화의 하나로 담을 허물고, 울타리 없는 공공기관과 학교가 생겨나기 시작했다. 아이들이 운동장을 자유롭게 드나들면서 운동을 할 수 있어서 좋았다. 주로 축구 경기를 남녀 가리지 않고 신나게 한다. 아이들이 잘 먹고 튼튼한 체력이 길러져야 생각도 바르게 하고 정의로운 사고思考를 지닐 것이라고 본다.

마을 동편에 있는 산자락을 따라가면 청소년들이 즐겨 놀 수 있는 족구장과 핸드볼장이 있다. 그곳에서 아이들이 간이 축구를 한다. 형뻘과 동생뻘 학생들이 어우러져서 경기를 하는데, 이상한 것을 발견했다. 아이들이 서로 주고 받는 말 중에 비속어를 한마디도 들을 수가 없었다. 내 귀를 의심할 정도였다. 아이들이 예쁘고 사랑스러웠다. 울타리 없는 운동장이라고 아무 곳이나 넘나들면서 행여 급히 서둘다가 넘어지면 다칠 염려도 있다. 화강암 사이에 철쭉을 심어 화단을 아름답게 꾸며놓았다.

산업의 발전으로 경제가 좋아지면서부터 공공기관마다 방범 보안 서비스 대행업소에서 맡아서 하고, 감시카메라까지 설치했다. 한때는 울타리를 없앴다가 초등학교에서 철망 울타리를 하고 있다. 어린이 안전을 위해서이다. 열린 공공기관의 환경조성물과 시설물에 관리에 울타리가 도움이 된다. 목재, 철, 사철나무, 벽돌, 돌 등 다양한 모양의 미적 감각을 살린 울타리가 만들어지고 있다.

나는 호주에서 노인들이 게이트볼 경기를 할 때 엉겁결에 무심코 경기장 잔디밭에 한 발을 올려놓은 순간 한 분의 노인으로부터 호되게 질책을 받은 적이 있었다. 지금도 그 생각하면 창피해진다. 호주 사람들의 잔디 사랑을 보고, 우리 주변에 잔디 보호에 대하여 마음을 가다듬어 봤다.

내가 날마다 산책하는 길가 화단에는 개구멍이 있다. 언덕에 난 샛길이 보기에 민망하다. 건강을 지키겠다는 마음으로 산책을 하면서 울타리를 허물고 샛길을 내는 마음을 알다가도 모르겠다.

울타리는 소유자의 표시요, 타인으로부터 간섭받지 않고 자유스러운 공간으로 생활하기 위해서 필요하다, 하지만 보호받기 위해 감시망들이 설치되었을 때 진정 자유로워질 수 있을까? 세상에 울타리가 없다면 자유의 낙원이 될 것 같다는 부질없는 생각을 해본다. 자유와 배려로 둘러친 아름다운 울타리를 그려본다.

할머니의 이야기

함박눈이 사뿐사뿐 내린다. 고요한 들녘에 바람도 눈에 덮여 침묵하고 있다. 촉수 낮은 등불이 방문 창호지를 불그스름하게 물들이고, 마을 근처 군청 불빛도 눈발에 가물가물거린다. 별빛 없는 눈빛이 어둠과 마주하여 공손하게 밤을 맞이한다.

증손자 잠자리를 준비하려고 푹신한 솜 요를 깔고 솜이불을 펼쳐놓았다. 방은 명절 때나 따뜻하고 냉골이다. 땔감이 늘 부족하기 때문에 밥하는 것으로 그만이다. 증조모는 밤낮 하얀 솜저고리와 솜 고쟁이를 입으시고 겨울을 나신다. 내 겨울 옷은 순면 검은 색 학생복이다. 증조모와 한 이불을 덮고 온기를 나누었다. 밤은 깊어 가는데, 증조모와 나는 잠 들지 못했다. 밖에는 소리 없이 눈이 쌓이고, 깜깜한 방에서 나는 멀뚱멀뚱하고 있는데 증조모님께서 지난세월 이야기를 꺼내셨다.

증조모는 밀양박씨셨다. '졸수卒壽'를 앞두고 계셨다. 조모는 남원양씨로 시집와 첫돌을 넘긴 아들을 두고 장티푸스 병으로 죽었다고 했다. 증조모가 손자를 가엽게 여기고 보살피는 데 몸과 마음을 다하였다고 하신다. 그 아이가 내 부친이시다. 어렸을 때 응석을 부리며 힘들게 했다고 하셨다. 마당에 돌아다니는 닭을 보며 닭발 달라고 떼를 쓰기 시작하면 닭을 잡아야 했다고 한다. 철부지 때에 놀이용 화살로 사고를 치고, 새어머니와 할머니 애간장을 녹이게 했다고 한다.

아이들 장난감으로 화살을 만들어 놀았다고 한다. 마당에 곡식이나 고추를 널기 위해서 멍석을 돌돌 말아 놓으면 속 빈 기둥이 누워있는 것처럼 보였다고 한다. 그 멍석이 하필이면 아이들의 철부지 놀이에 씻을 수 없는 비극을 초래하게 하였다. 부친은 같은 또래 아이에게 멍석 구멍을 들여다보라고 해 놓고 화살을 당겼다.

시위를 떠난 화살은 한 아이의 불행의 화살이 되었다. 또래 아이가 다쳤다.

부친도 지난날의 일을 후회하며 고통을 감내하면서 서당을 열심히 다녔다고 한다. 보통학교에 입학하여 학업에도 충실하면서 서당공부도 했다고 하신다. 시대 흐름에 걸맞게 부친께서는 영어공부를 해야 한다면서 영어전도사처럼 말하였다고 한다. 아마도 부친이 살아계셨다면 영어를 어느 정도 자연스럽게 활용했으리라. 부친은 전쟁으로 인하여 꿈을 이루지 못했지만 손자며느리가 영문학 박사에 증손자가 영어권 사람들 못지않게 언어소통을 한다. 증손녀도 영어와 중국어를 잘한다.

부친이 청년 때는 증조모와 북한에서 있으면서 돈을 벌어서 집에 보냈다고 한다. 증조모는 비단 보부상을 하고 아버지는 광산에 종사했다. 증조모는 가족들의 삶과 죽음에 대한 것을 속속들이 정연하게 말했다. 친인척 계보가 단순하지 않음을 엿볼 수 있었다. 그 시대에는 한 마을이 씨족사회를 이루고 있었기 때문이기도 하다. 상처喪妻하면 곧바로 후처 들이는 것을 당연시하는 세상이었다. 그로 자손이 많았다.

증조모께서 이야기하면서 가렵다고 하기에 이蝨와 서캐가 옷

안쪽 진 치고 있을 것 같았다. 서캐는 모서리나 오라기에 매달려 있고 이蝨는 감쪽같이 숨어있다. 증조모 솜저고리를 이가 뒤집어 얼어 죽게 하려고 밖에 내다 놓았다. 증조는 이불을 덮고도 가렵다고 하셨다. 나는 밖에 둔 저고리를 가져다 입게 하고 증조모 이야기를 계속 들었다. 저고리를 벗게 한 나의 행동은 두고두고 후회되었다. 철부지 나이가 아닌데도 감기라도 들면 어쩌라고 그리 했는지.

이야기를 하고 이야기를 듣다가 증조모와 나는 새벽녘에야 깊은 잠에 빠졌다. 다음날 증조모는 깨어나지 못하셨다. 증조모 부음을 전하러 진외가집에 갔다. 섬진강을 배를 타고 건너가야 했다. 사공이 줄을 끌어 잡아당기면서 가는 배다. 배를 이용하는 사람들을 위해서 사공은 늘 자리를 지켰다. 강나루 버드나무 옆 초가집이 사공집이다. 사공을 부르기도 하고 어느 때는 행인들이 줄을 잡고 강을 건너오기도 했다.

어린 여자아이가 〈아버지 강〉을 노래할 때마다 증조모, 조모, 부모 생각이 난다. 친할머니는 어린 시절을 강변에서 보내셨다. 다슬기도 잡고 물놀이도 하면서 시름없이 보내셨다.

증조모는 한밤 동안 있는 힘을 다하여 집안 내력을 상세히 말씀

하시고, 증손자에게 유언처럼 남기고 가셨다. 하늘나라 어느 은하계로 가셨는지….

최병진 수필집

맹물의 향기

인쇄 2022년 10월 10일
발행 2022년 10월 15일

지은이 최병진
발행인 서정환
펴낸곳 수필과비평사
주소 서울시 종로구 삼일대로 32길 36(운현신화타워 빌딩) 305호
전화 (02) 3675-3885 (063) 275-4000
팩스 (063) 274-3131
이메일 essay321@hanmail.net
출판등록 제300-2013-133호
인쇄 · 제본 신아출판사

저자와 협의, 인지는 생략합니다.
잘못된 책은 바꿔 드립니다.

ISBN 979-11-5933-414-6 (03810)
값 13,000원

Printed in KOREA

※ 이 책은 전라북도 문화관광재단 지역문화예술육성지원금을 지원받아 발간되었습니다.